ACLS History E-Book Project
Reprint Series

The ACLS History E-Book Project (www.historyebook.org) collaborates with constituent societies of the American Council of Learned Societies, publishers, librarians and historians to create an electronic collection of works of high quality in the field of history. This volume is produced from digital images created for the Project by the Scholarly Publishing Office and the Digital Library Production Service at the University of Michigan, Ann Arbor. The digital reformatting process results in an electronic version of the text that can be both accessed online and used to create new print copies. This book and hundreds of others are available online in the History E-Book Project through subscription.

Many of the works in the History E-Book Project are available in print and can be ordered either directly from their publishers or as part of this series. For information refer to the online Title Record page for each book. Inquiries regarding this series can be directed to info@hebook.org.

ACLS
HISTORY E-BOOK

http://www.historyebook.org

I0834777

STORIA

DEL

CICERONIANISMO

E DI ALTRE QUESTIONI LETTERARIE

NELL'ETÀ DELLA RINASCENZA

DEL PROF.

REMIGIO SABBADINI

(Libro premiato dalla R. Accademia de' Lincei).

TORINO

ERMANNO LOESCHER

FIRENZE — ROMA

Via Tornabuoni, 20 — Via del Corso, 307

1885

Torino — Vincenzo Bona, Tip. di S. M. e de' RR. Principi.

PREFAZIONE

Ecco qui la storia di dieci tra le più famose questioni letterarie dibattute dagli umanisti. Per essi erano vitali; per noi sembreranno e forse sono, fortunatamente, oziose. Diventeremmo però oziosi noi, se deplorassimo che fossero vitali, noi che nella storia non cerchiamo l'ideale dell'umanità, ma ciò ch'ella era. E da questo riguardo quelle dieci questioni offrono il massimo interesse, perchè chiariscono meglio di ogni altro studio l'intima vita letteraria del periodo umanistico. Del resto quanta originalità, che personalità, talora sfrenata, ma sempre altamente sentita e altamente affermata, non sapevano quei battaglieri e appassionati risuscitatori dell'antichità sviluppare da simili contese! Tanto è vero che spesso l'interesse e l'originalità non consistono nell'argomento, ma nell'ingegno di chi lo tratta. Chi oserebbe dire che dopo l'*Iliade* e l'*Eneide* abbiano perduto il tempo l'Ariosto a cantare d'*Orlando* e il Tassoni d'una *Secchia*?

Il giudizio, molto benevolo e lusinghiero, portato dalla R. Accademia de' Lincei su questo lavoro, vi notò una certa sproporzione nella parte accessoria. Non lo nego; ma quegli accessorî contengono le prove di quanto è esposto nella parte principale e mettono più che mai in rilievo le qualità più caratteristiche degli umanisti, che sono una minuziosa e tenace scrupolosità congiunta a una finissima arguzia. Contuttociò io chiedo al lettore, sopra ogni cosa, pazienza ed indulgenza.

Sarego, 26 settembre 1885.

R. Sabbadini.

CRONOLOGIA

DEI

PRINCIPALI UMANISTI NOMINATI IN QUESTO LIBRO

Alberti Leon Battista (1404?-1472).
Alciati Andrea (1492-1550).
Aleandro Girolamo (1480-1542).
Amaseo Romolo (1489-1552).
Argiropulo Giovanni (morto 1473).
Badio Ascensio (1462-1535).
Barbaro Ermolao (1464-1493).
Barzizza Gasparino (1370?-1431).
Bembo Pietro (1470-1547).
Beroaldo Filippo (1453-1505).
Biondo Flavio (1388-1463).
Bisticci (Vespasiano da) (1421-1498).
Boccaccio Giovanni (1313-1375).
Bonamico Lazaro (1479-1552).
Bruni Leonardo (1369-1444).
Budeo Guglielmo (1467-1540).
Campano Gio. Antonio (1427-1477).
Ciriaco d'Ancona (1391?-1450?).
Cortesi Paolo (1465-1510).
Crinito (Ricci) Pietro (1465-1505?).
Doleto Stefano (1509-1546).
Erasmo Desiderio (1467-1536).
Fazio Bartolomeo (morto 1457).
Filelfo Francesco (1398-1481).
Florido Francesco (1511-1547).
Gaza Teodoro (1429-1478).
Giovio Paolo (1483-1552).
Giustiniani Leonardo (1388-1446).
Guarino Veronese (1370?-1460).
Landi Ortensio (morto 1560?).
Landino Cristoforo (1424-1504).
Lascaris Giano (1447-1535).
Leoniceno Ognibene (1410?-1480?).
Longolio Cristoforo (1490-1522).
Mancinelli Antonio (1452-1505).
Manuzio Paolo (1511-1574).
Marullo Michele (morto 1500).
Monte (Pietro dal) (morto 1457).
Morando Benedetto (metà del sec. xv).
Musuro Marco (1470-1517).
Mureto Marcantonio (1526-1585).
Navagero Andrea (1483-1529).
Niccoli Niccolò (1363-1437).
Paceo Riccardo (1482-1532).

Panormita Antonio (1394-1471).
Petrarca Francesco (1304-1374).
Piccolomini Enea Silvio (1405-1464).
Pico Gianfrancesco (1469-1533).
Pio Battista (1460-1540).
Poggiani Giulio (1522-1568).
Poggio Bracciolini (1380-1459).
Poliziano Angelo (1454-1494).
Pomponio Leto (1425-1497).
Pontano Gioviano (1426-1503).
Ravenna (Gio. da) (1445?-1520?).
Rho (Antonio da) (1ª metà del sec. xv).
Rodigino Celio (1450-1525).
Sadoleto Giacomo (1477-1547).
Salutati Coluccio (1330-1406).
Sannazzaro Azzio Sincero (1458-1530).
Sarzana (Alberto da) (1385-1450).
Scala Bartolomeo (1430-1497).
Scaligero Cesare (1484-1558).
Traversari Ambrogio (1378-1439).
Trebisonda (Giorgio da) (1396-1485?).
Valla Lorenzo (1407?-1457).
Vegio Maffeo (1406-1458).
Zazio Ulderico (1461-1535).

INDICE

Storia del Ciceronianismo . . . . *pag.* 1

Preparazione . . . . » 5

Primi tentativi . . . . » 12

Genialità e Grammatica . . . . » 19

Opposizione . . . . » 25

Prime battaglie . . . . » 32

Seconda battaglia . . . . » 46

Periodo eroico . . . . » 50

Sul coniar nuovi vocaboli latini . . . . » 75

Lotte fra i Latini e i Greci . . . . » 81

Sui giureconsulti antichi e sui glossatori medioevali . . » 88

Se si possano leggere i poeti antichi . . . . . . » 92

Su alcune questioni d'ortografia . . . . » 99

Sull'allegoria dei poeti, specialmente di Vergilio . . . » 103

Quale sia più grande fra i capitani antichi . . . » 111

I calunniatori della lingua latina . . . . . . » 122

Se si deva scrivere latino o italiano . . . . . . » 127

Ermanno Loescher
FIRENZE-TORINO-ROMA

I.

Storia del Ciceronianismo.

La storia del ciceronianismo, che presa nel suo largo significato si confonde con la storia della lingua latina e delle sue forme nel periodo del risorgimento, non è stata ancora scritta. Eppure è tanto importante. Tutti gli storici dell'umanismo ripetono, e giustamente, che l'erudizione di quei secoli, se si tolgano alcuni risultati nella critica, nell'arte e in altri pochi rami del sapere, fu un'immensa illusione, della quale quei latinisti in parte erano autori, in parte vittime. Tutto quel complicato e vertiginoso lavorio fu intorno alla forma, che si scambiava per la realtà: la forma bella ed elegante dava corpo alle ombre, la forma rozza e impacciata faceva passare dimenticati come ombre i corpi. Una lettera dalle forme argute definiva felicemente una questione o letteraria o personale o religiosa, di cui non si sarebbe potuto prevedere la risoluzione; un forbito ed elegante discorso, condito di citazioni latine, portava alla conclusione di un affare pubblico, da cui la più astuta diplomazia non avrebbe forse saputo uscire lodevolmente. Fare un bell'elogio della virtù valeva essere virtuoso; essere preso di mira da un'elegante invettiva valeva essere un furfante, anche se onest'uomo. Fu quello veramente il tempo dell'onnipotenza della forma. E intanto si resta meravigliati a sentire come la vien comunemente giudicata. Sono per la maggior parte giudizi o vani per la loro generalità o falsi addirittura. L'uno dice: quella forma è pagana; tutto ciò che passa per il cervello di un umanista ne esce colorito paganamente; l'altro dice: quel latino non è più l'antico; è stato trasformato, ammodernato; pare un latino nuovo e originale, quantunque imitato. Più comunemente si odono queste espressioni: che latino elegante, fluido, che ritmo, che maestà, che asprezza, che barbarie, che disinvoltura, è un nuovo Cicerone, un nuovo Vergilio, è troppo abbondante, è troppo asciutto, non è limato e mille altre, che non significano nulla o meglio significano l'ignoranza o l'ingenuità di chi le dice; peggio ancora quando tocca sentir pronunziare tutti questi giudizi diversi sopra un solo umanista, secondo il capriccio dei critici che ne parlano. Ma nessuno si è provato di esaminare e tracciare la storia di questa forma, che ha fatto tanto bene e tanto male, che ha aiutato il perfezionamento del nuovo volgare italiano e che in fin dei conti costituisce — e qui non c'è bisticcio — l'essenza dell'umanismo.

Sarò io riuscito nell'ardua impresa? non lo so; ma intanto dal presente saggio risulterà subito e chiaramente dimostrato un fatto importantissimo, che cioè il latino degli umanisti può avere ed ha una storia; che le sue forme sono determinate non dal capriccio, ma da cause reali; e che ognuna di esse in qualsiasi degli eruditi deve giudicarsi non con le parole: *è brutta, è bella, è disadorna, è elegante*, sibbene considerandola nella sua attinenza col tempo e con le tendenze letterarie che la hanno generata.

In questo studio quattro soli autori ho trovato, che mi agevolarono in qualche modo la via: il Walch, *Historia critica lat. linguae*, Colonia 1734; il Burigny, *Sur la querelle qui s'éleva dans le XVI siècle au sujet de l'estime qui ètoit due à Cicèron* (*Histoire de l'Acadèmie des Inscriptions*, t. 27, pp. 195-205, anno 1756); il Lenient, *De ciceroniano bello apud recentiores*, Parisiis 1855; il Voigt, *Wiederbelebung des class. Alterth.*, 2ª ed. Berlino 1880-1881 (1). Il Voigt, mentre tratta con molta maestria la letteratura del primo secolo dell'umanismo,

---

(1) Qualche cenno si legge anche nella *Rinascenza Italiana* del Burckhardt, edizione francese, Parigi 1885; I, pp. 314-317.

tocca qua e là dello stile latino degli eruditi e ne traccia la storia (II, pp. 418-422), fermandosi specialmente a parlare dello stile del Petrarca (I, pp. 33-36). Il Walch dà parecchie notizie sul ciceronianismo nei seguenti luoghi: cap. I, § 25; II, 3; IX, 8; XII, 2, 3, 9, 10: XIV, 3, 4, 14. Poco più del Walch sa dire il Burigny, il quale, toccato della guerra mossa al ciceronianismo fino dai tempi antichi, si ferma di proposito sul *Ciceronianus* di Erasmo e sulla polemica mossagli da Cesare Scaligero e da Stefano Doleto. Il Lenient ha narrato la guerra dei ciceroniani in un opuscolo di p. 74. Questo libro comincia con un proemio, dove prima di tutto, come il Burigny, accenna all'opposizione suscitata contro Cicerone nei suoi tempi stessi e nei successivi; indi tocca della guerra ciceroniana nel periodo della rinascenza e parla delle contese tra il Cortesi e il Poliziano, tra Francesco Pico e il Bembo. Il Lenient non conosce il lavoro, capitale per questo studio, del Cortesi *De hominibus doctis*, nè l' altra disputa tra Bartolomeo Scala e il Poliziano. Quindi entra nell'argomento e nel primo capitolo espone come si formò in Italia e specialmente a Roma per opera del Bembo e del Longolio il partito dei ciceroniani e poscia fa un esame chiaro ed accurato del *Dialogus ciceronianus* d'Erasmo. Nel II capitolo narra le vicende della guerra ciceroniana dopo la pubblicazione del *Ciceronianus* fino alle invettive di Gasparo Scioppius (Schopp). Nel III capitolo conclude che questa guerra ha recato un gran bene, quello di promuovere sempre più lo studio della bella forma. Il Lenient si è giovato molto del Walch e del Burigny, ma non li cita mai; si è giovato anche molto, e con grande vantaggio, dell' epistolario d'Erasmo. Ma egli non si preoccupa punto della preparazione di questa guerra; non conosce la letteratura umanistica del quattrocento, eccettuato l'epistolario del Poliziano, e pure imperfettamente. Commette anche qualche errore nei fatti; dice che il Longolio lesse le sue due orazioni in propria difesa sul Campidoglio (p. 15); non è vero; quelle due orazioni furono pubblicate quando il Longolio era già fuggito da Roma. Un'altra mancanza osservo nel libro del Lenient ed è ch'egli si è limitato a raccontare le sole vicende esterne della guerra ciceroniana, senza entrare mai a parlare delle cagioni intime di essa, cioè le diverse maniere con cui si intendeva l'imitazione. Ciononostante il Lenient fu il primo che scrisse di proposito sulla storia del ciceronianismo.

La storia del ciceronianismo si può raccontare con due metodi differenti, che io chiamerò l'uno oggettivo, l'altro soggettivo. Oggettivamente si narrerebbe la storia quando uno per uno si esaminassero gli scritti dei principali umanisti e si cercasse in essi quanta sia stata l'influenza di Cicerone sulla scelta delle parole, sulla frase, sulla connessione delle proposizioni, sui periodi e sul colorito dello stile in generale. A questa prova nessun umanista resisterebbe, perchè nessuno si troverebbe essere oggettivamente ciceroniano. Quante parole che malamente si leggevano allora nei manoscritti di Cicerone e che passavano per ciceroniane; ma oggi non più. Mi basti citare gli aggettivi *philosophicus* (1), *illicitum* (2), perfino *multissimis* (3), che allora s'adoperavano come parole ciceroniane. « Quam multa barbara vocabula, dice il Mureto, quam multa vitiosa genera loquendi propter librorum corruptionem usurparunt ii qui se nostra patrumque memoria Ciceronianos dici volebant » (4). Ma senza di ciò al Longolio, p. es., è sfuggito *inelegantia* (5), *nisi fortasse* (6); al Sadoleto *influxus* (7); a Paolo Manuzio *dissuadere aliquem ab aliqua re, contrarietas, speculatio, ingratitudo* (8). Nè poteva essere altrimenti in tempi, in cui i vocabolari e i repertori da consultare in un dubbio non c'erano o si cominciavano appena a compilare. E poi, uno scrittore non può mai assolutamente spogliarsi delle proprie qualità personali; e il latino del Bembo, del Sadoleto, del Longolio, del Manuzio si distinguono l'uno dall'altro per certe caratteristiche, che non tutti naturalmente avranno tolte

---

(1) Cicer., *Tuscul. disput.*, V, 41, 121, ove ora si legge *philosophus*.

(2) Cicer., *pro Cluentio*, 47, ove ora si legge *nemini licitum*.

(3) Cicer., *Epist. ad Attic.*, XI, 2, ove ora si legge *multis meis*.

(4) Muret., *Orat. et Epist.*, 1791; II, p. 157.

(5) Longol., *Epist.*, I, 28.

(6) *Ibi*, I, 1.

(7) Sadolet., *Epist.*, XIII, 2.

(8) Walch., *Hist. critica l. l.*, XII, 3.

all'unico e medesimo Cicerone. — Il metodo poi che io chiamo soggettivo consiste nell'esaminare dall'un lato il principio stilistico che ogni autore si forma, il modo con cui intende la imitazione, le intenzioni particolari, personali che egli vi porta; dall'altro lato i giudizi di un umanista, specialmente se contemporaneo o di poco posteriore, sulle qualità stilistiche dell' altro, i quali nel maggior numero de' casi sono giudizi soggettivi, perchè suggeriti o da un diverso indirizzo letterario o da un modo diverso di intendere l'imitazione. Io mi varrò principalmente del metodo soggettivo, senza lasciar di tentare qua e là gli scrittori col metodo oggettivo.

Divido la materia in sette periodi.

PREPARAZIONE.

(F. Petrarca, Gio. Boccaccio, Giovanni da Ravenna, Coluccio Salutati).

Spetta al Petrarca, come in quasi tutti gli altri indirizzi dell'umanismo, così anche in questo l'onore di avere aperto la via. Il Petrarca non fu, nè volle, nè volendo poteva essere ciceroniano; eppure egli ha preparato a chi venne dipoi il terreno. Il padre del Petrarca possedeva alcuni scritti di Cicerone, ch'egli adoperava non come letterato, ma come giurista. Essi vennero in mano al figlio, il quale, scolaro allora di grammatica, li leggeva senza capirli, rubando le ore alla ricreazione, e rimaneva tuttavia, per quello straordinario senso musicale che possedeva, rapito dalla dolcezza e dalla sonorità delle parole: « sola me verborum dulcedo quaedam et sonoritas detinebat, ut quidquid aliud vel legerem vel audirem, raucum mihi longeque dissonum videretur » (1). E quei libri disputò poi al padre, che vedeva in essi la causa che il figlio trascurasse gli studi giuridici; e più tardi alla polvere dei chiostri, dove giacevano sepolti. E infatti con febbrile attività

---

(1) Voigt, *Wiederbelebung* etc., I, p. 26.

il Petrarca cercava le opere di Cicerone o egli stesso visitando i conventi o dandone incarico a tutti i suoi amici, che ne cercassero, tanto in Italia che fuori, e ogni volta che le sue ricerche venivano coronate da qualche felice scoperta, era per lui una gioia indescrivibile. E se egli, chiamandosi lo scopritore di Cicerone, esagerava, affermava anche una grande verità, chè parte delle orazioni di Cicerone e le lettere ad Attico da lui scoperte erano state affatto ignote al medio evo: e delle altre opere, che pure erano conosciute, egli ravvivò lo studio (1). L'ammirazione poi per Cicerone era proporzionata all'ardore con cui ne ricercava le opere. Quello che gli altri, egli dice, esprimono aridamente e disadornamente, Cicerone lo ha espresso con vivacità e fioritura; all'utilità si aggiunge il diletto, alla maestà del contenuto lo splendore e la dignità delle parole. — Cicerone è il fulgido sole dell'eloquenza, davanti al quale impallidiscono Sallustio, Livio e Seneca. « O primo creatore dell'eloquenza romana — grida egli in uno slancio d'entusiasmo — non solo io, ma noi tutti ti ringraziamo, i quali ci abbelliamo dei fiori della lingua latina. Poichè con la tua fonte noi irrighiamo i nostri campi. E volentieri noi confessiamo che guidati da te, indirizzati dal tuo esempio, illuminati dalla tua luce e direi sotto i tuoi auspicii noi siamo pervenuti a questa arte di scrivere qual ch'ella possa essere » (2). E nei *Trionfi della Fama* al passar di Cicerone l'erba verdeggia sotto i suoi piedi, a dimostrare

« quant'ha eloquenza e frutti e fiori » (3).

È chiaro pertanto che Cicerone ha influito molto sullo stile del Petrarca, ma non fu il solo: leggansi i suoi trattati filosofici e morali, per veder quanta parte vi ebbe Seneca; leggasi l'*Africa*, e si vedrà quanto Livio vi si trova; e quanto Vergilio nelle *Egloghe*. Nè il Petrarca potea fermarsi a imitare

---

(1) Voigt, I, pp. 38-44.
(2) *Ibi*, I, p. 28.
(3) III, 18.

un solo autore, il che fu possibile soltanto quando le scoperte dei classici erano finite e gli eruditi avevano agio e mezzo di far la loro scelta. Ma il Petrarca si vedeva crescere tra mano, d'ora in ora e per opera sua, il tesoro degli antichi latini ed è naturale che l'ultimo scoperto gli lasciasse qualche cosa di nuovo nel pensiero e per conseguenza nella forma. A questo si aggiunga il modo con cui egli intende l'imitazione, da lui stesso chiaramente e largamente esposto in una lettera a Giovanni da Certaldo. In essa gli parla del giovinetto Giovanni da Ravenna, che allora egli teneva da qualche anno in casa sua come copista e a cui faceva da maestro più che con la parola, con l'esempio. Ecco un bel passo di questa lettera: « Questo giovine ha molta inclinazione alla poesia... Egli però non medita ancora quello che deve dire, e quello che dice lo esprime con molta pompa e fioritura. Talvolta gli vien fatta qualche poesia, che non manca di armonia, di bellezza e dignità e che chi non conosce l'autore potrebbe attribuire ad un uomo provetto ed esercitato. Il suo animo e il suo stile acquisteranno un po' alla volta, io spero, maggiore solidità e allora egli potrà se non fuggire, dissimulare almeno l'imitazione dei singoli autori, in modo da non rassomigliare a nessuno e da arricchire di una nuova maniera la lingua e la poesia latina. Ora egli si diletta molto, come porta la sua età, dell'imitazione degli altri; e, rapito dalla bellezza della poesia antica, egli si lascia contro le leggi dell'arte trasportare tant'alto, che a stento si può risolvere di tornare addietro quando o egli se ne accorge o altri lo fanno avvertito. Più di tutto egli è ammiratore di Vergilio, di cui spesso innesta qualche passo ne' suoi versi. Siccome con intima compiacenza me lo veggo crescere sotto gli occhi ed io di tutto cuore gli desidero che possa diventare ciò che io vorrei essere, così io lo ammonisco paternamente e gli ripeto che ciò ch'egli scrive dev'essere simile, ma non uguale al suo modello: simile come un figlio al padre, non come un ritratto al suo originale. Che un ritratto è tanto migliore, quanto più rassomiglia all'originale; ma che un figlio al contrario può quasi in tutti i suoi lineamenti essere dissimile dal padre e nondimeno avere una cert'aria, alla quale ciascuno riconosce tosto il padre. Come le api traggono dai fiori il sugo, senza conservarne il colore, e da diversi sughi preparano il miele, che è migliore di ciascuno di quei sughi da cui è stato formato, così i poeti e gli scrittori devono bensì appropriarsi i pensieri e anche il colorito degli altri, ma non mai parlare con le loro parole. Avendogli io ripetuto nuovamente questi avvertimenti, egli mi rispose: voi avete ragione, ma molti esempi e il vostro stesso mi hanno incoraggiato ad usare di quando in quando qualche giro felice, qualche frase di grandi scrittori. Al che io stupito soggiunsi: se ne trovi traccia nei miei scritti, sappi che non l'ho fatto apposta, ma sbadatamente. Perchè, quantunque di simili esempi ne ricorrano molti ne' buoni scrittori, io mi sforzo a tutt'uomo, e qui per me consiste una delle più gravi difficoltà nello scrivere, di non camminare nè sulle orme degli altri nè sulle mie proprie » (1).

Pare che in Giovanni da Ravenna, spirito irrequieto e ardente, il Petrarca veda riprodursi esatta l'imagine di sè stesso, quand'era giovane. Dal modo pertanto com'egli intendeva l'imitazione, risulta che anche imitando voleva rimanere originale. Ognuno, dice altrove, dee formarsi e mantenersi un proprio stile, giacchè ognuno ha così nel volto e nel gesto, come nella voce e nel parlare, un che di suo proprio e particolare che deve conservare, non mutare: « suus stilus cuique formandus servandusque est..... Et est sane cuique naturaliter ut in vultu et gestu, sic in voce et sermone quiddam suum ac proprium, quod colere et castigare quam mutare cum facilius tum melius atque felicius sit » (2). Lo stile per lui e la vita sono la medesima cosa: « scribendi enim mihi vivendique unus finis erit » (3). E lo stile del Petrarca è veramente l'uomo. Quello che a noi piace tanto di trovare nei suoi scritti e ch'egli vuol far valere, è appunto la sua personalità, coi suoi sentimenti, con le sue aspirazioni, con le sue passioni e convinzioni, col suo bisogno di espandersi, di moltiplicarsi in

---

(1) Mehus, *Vita Ambr. Travers.*, p. 349.
(2) Voigt, I, p. 35.
(3) *Ibi*, I, p. 34.

mille oggetti, di riprodursi per mezzo della parola. A questo senso profondo dell'individualità propria s'aggiungono un'anima aperta a tutte le impressioni e una mente libera dai vincoli della scolastica, le quali hanno trovato in Cicerone e in Livio una forma più variata, più elegante, più adatta a rappresentare sè stesse: ed ecco il Petrarca descriver la natura secondo ch'ella opera sopra i suoi sensi e sul suo cuore; esporre i propri pensieri e tutto quello che gli tumultua nell' animo; raccontare i casi altrui e i propri, scrivere di politica, di filosofia, di morale, parlare a sè stesso, parlare agli italiani, agli stranieri, ai morti autori romani, a tutti di tutto, perchè ha bisogno di sfogare un' immensa piena di affetti, un' esuberanza di idee e di sentimenti, una ricchezza inesausta di esperienza e di cognizioni. La sovrabbondanza perciò e la loquacità, come si potrebbe chiamare, del suo stile sono una necessaria conseguenza del suo carattere e il carattere non si lascia mai oscurare o travisare dalle forme latine di qualsiasi autore: egli imitando rimane originale, perchè il suo stile è personale.

Una prova oggettiva dello stile latino del Petrarca dà per risultato che vi si trovano barbarismi, neologismi, sgrammaticature, costruzioni poco pure, frasi toscane latinizzate; ma tutto questo era inevitabile, com' era inevitabile a Giotto risentire l' influenza della vecchia scuola, pur creando l' arte nuova. Si confronti però dall'altra parte il latino del Petrarca col latino degli scolastici, che dico? col latino di Dante stesso, che lo precedette di tanto poco e si scorgerà un abisso fra l'uno e l'altro e ciascuno facilmente si persuaderà, che il latino scolastico è stato inevitabilmente condannato a perire e che ritornare ad esso sarebbe stato violare le leggi del progresso umano.

Lo stile del Petrarca dagli umanisti posteriori fu giudicato, fatta forse una sola eccezione, molto sfavorevolmente e tortamente. Già nei primordi del secolo decimoquinto gli eruditi seguivano un indirizzo stilistico diverso, perchè il vero ciceronianismo faceva capolino. A Firenze specialmente il Bruni e il Niccoli movevano guerra allo stile del Petrarca, di cui, come in generale del triumvirato toscano, si parlava molto male nell'opera del Bruni, intitolata: *Libellus de disputationum exercitationisque studiorum usu* (1). Questo libro è del 1401: più tardi, nel 1436, scrivendo la vita del Petrarca, il Bruni diceva che veramente il Petrarca fu il primo a richiamare in vita l'antica scorrevolezza dello stile e che aprì la via ai posteri, ma che molto gli mancò alla perfezione. Nella prima metà del medesimo secolo giudicava press' a poco così del Petrarca anche Flavio Biondo. Il Petrarca, dice egli, fu il primo che con grande ingegno e con diligenza più grande richiamò in vita la vera poesia e l'eloquenza; ma egli non raggiunse, più per mancanza di opere antiche che di genialità, lo splendore dell'eloquenza ciceroniana, di cui molti al nostro tempo vanno forniti. E poco più sotto ripete ancora che, per la scoperta delle nuove opere latine, al suo tempo si parlava e scriveva meglio che al tempo del Petrarca (2). Il Valla rimproverava al Petrarca di non aver saputo intitolare il libro *De sui et aliorum ignorantia*, avendosi dovuto dire: *De sua et aliorum* (3). Molto importante è il giudizio di Paolo Cortesi, della fine del secolo: « lo stile del Petrarca non è latino ed è aspro assai, le idee sono molte, ma aride; le parole di bassa lega, la composizione più accurata che elegante. Fu il primo a ristorare l'eloquenza e le sue rime volgari attestano quanto avrebbe potuto conseguire col suo grande ingegno, se non gli fosse mancato lo splendore e l' eleganza dello scriver latino: ma fu colpa del rozzo secolo in cui visse. In lui perciò non cercheremo il diletto, ma l'utile; quantunque, se devo dire il vero, dilettano, così disadorni come sono, quei suoi libri: « ab eo non est delectatio petenda, sed transferenda utilitas; quamquam omnia eius, nescio quo pacto, sic inornata delectant » (4). Il Cortesi sentiva perciò e apprezzava giustamente il valore dello stile petrarchesco. Nel secolo decimosesto Erasmo lo giudicava così: « il Petrarca fu il fondatore della rinascenza in

---

(1) Voigt, I, pp. 385-387.
(2) Fl. Blondus Forliv., *Italia illustrata;* Basil. 1559; p. 346.
(3) L. Valla, *Eleg. ling. lat.*, II, 1.
(4) P. Cortesius, *De hominib. doctis dialogus;* Firenze 1847.

Italia; ingegno vivace, grande erudizione, eloquenza più che mediocre; ma vi desideri qua e là maggior perizia nella lingua latina e tutto lo stile risente della durezza di quel secolo ». E il Florido, ripetendo in parte il giudizio d'Erasmo, scriveva in quello stesso tempo: « Il Petrarca diede opera per il primo a trarre dai ruderi e dall'antichità la lingua latina, ma non gli riuscì troppo felicemente, o perchè mancava ancora una buona parte dei migliori libri, o perchè non era impresa da condursi a buon termine da un solo. E le sue opere se mostrano in lui sommo ingegno e non mediocre erudizione, spesso mancano di purezza latina » (1).

Infinitamente inferiore al Petrarca, come in tant'altre parti, fu pure nello stile latino il Boccaccio, il quale è trasandato, nè guidato da nessun criterio chiaro e costante d'imitazione e che perciò meritò gli aspri giudizi di quegli umanisti che si degnarono di parlarne. Il Bruni (2) dice che non ha mai saputo trattare con sicurezza la lingua latina. Veramente severo è con lui il Cortesi: « excurrit licenter multis cum salebris ac sine circumscriptione ulla verborum; totum genus inconditum est et claudicans et ieiunum » (3). Erasmo si contenta di chiamarlo inferiore al Petrarca e nell'efficacia del dire e nella proprietà dello stile (4).

Di Giovanni Ravennate dice Flavio Biondo che infiammava i suoi scolari all'imitazione di Cicerone (5); ma che non riuscì a imitarlo nemmeno da lontano; i suoi dialoghi, dice il Cortesi (6), appena si leggono una volta. E il Salutati è chiamato da Filippo Villani « scimia di Cicerone », in senso onorifico, non come lo intendono alla fine del secolo. È ben lontano però dall'essere ciceroniano; anzi Cicerone ha avuto pochissima influenza sul suo stile, perchè egli era già vecchio, quando co-

---

(1) Floridus Sabinus, *Apologia in ling. lat. calumniatores*, Basil. 1538, p. 106.

(2) *Vita del Petrarca.*

(3) *De homin. doctis.*

(4) *Dialogus ciceronianus;* Napoli 1617.

(5) *Italia illustrata*, p. 346.

(6) *Op. cit.*

nobbe più da vicino quello scrittore. La lode del Villani si riferisce ad un merito reale e veramente grande del Salutati, il quale fu il primo a dar forma più elegante allo stile di cancelleria; sullo stile però delle sue lettere private più che Cicerone influirono Seneca e il Petrarca. Del resto il Salutati appartiene agli scrittori dallo stile fiorito e pomposamente sonoro, oppresso da soverchia erudizione e troppo sentenzioso. Questo stile è una degenerazione o meglio un'esagerazione di quello del Petrarca. Ecco come lo giudica il Cortesi: « quest'età (l'età di Leonardo Giustiniani) riponeva l'eloquenza in una certa esuberanza, nè conobbe la discrezione; credevano di aver conseguito fama di eloquenza, se avessero affastellato una gran quantità di cose. Questo genere di scrivere è stato disprezzato e abbandonato da ingegni più illuminati, perchè ogni discorso dev'essere temperato e nelle parole e nelle sentenze, in modo da non eccedere i propri limiti » (1). Di tutto questo primo periodo così giudica il Pontano: che negli scritti latini e Dante e il Petrarca e il Boccaccio e il Salutati « non modo parum latine, sed ne grammatice quidem saepenumero loquuntur; quod qui non credit eorum libros inspiciat » (2).

PRIMI TENTATIVI.

(Leon. Bruni, Gasp. Barzizza, Guarino, Giorgio da Trebisonda).

Il secondo periodo viene aperto dall'aretino Leonardo Bruni e da Gasparino Barzizza. Il Bruni ha abbandonato nelle lettere il fare artificioso del Salutati e introdotto una maniera più disinvolta e naturale. « In un buono scrittore di lettere, egli dice, oltre alle parole e al suono si trova depositato il proprio animo. il quale si indovina dalle vibrazioni delle parole, come dal mo-

(1) *Op. cit.*
(2) *De aspiratione*, II, 2.

vimento degli occhi si scopre l'animo di chi parla » (1). Nella storia il suo stile si solleva ancora più, come dice lo stesso Cortesi, il cui giudizio sul Bruni è molto favorevole, ed io qui lo reco per intero. « Leonardo fu il primo, dice egli, a lasciar l'uso di scrivere scorrettamente e a introdurre uno stile più armonioso. Sono molti i suoi pregi come oratore; ma nella storia si eleva di più: historiam complexus est animo aliquanto maiore; ma in essa riesce più liviano che ciceroniano: consectatur in historia quiddam livianum, non ausim dicere ciceronianum. Non è molto accurato il più delle volte nella scelta delle parole. alcune delle quali sono troppo basse ed antiquate; ma per compenso la sua forma è condita di eleganza e di un certo splendore » (2). Il Cortesi lo riteneva il primo del suo tempo, ma l'età nostra, egli soggiunge, è molto schizzinosa: « nostri homines nil nisi excultum, nisi elegans, nisi politum, nisi pictum probant ». Erasmo dice che nella facilità e nella chiarezza dello stile il Bruni si accosta alquanto a Cicerone, ma che manca di efficacia e di nervi e che talvolta offende la purezza dello scrivere latino (3).

Ma il vero apostolo del ciceronianismo fu il Barzizza: « cuius ductu et auspiciis. scrivea Guarino nel 1422 (4), Cicero amatur, legitur et per Italorum gymnasia summa cum gloria volitat ». Di Cicerone illustrò il *De oratore*, il *De senectute*, il *De officiis*, le *Filippiche* e le *Epistole* (5). Parlando delle sue lettere dichiara di non aver avuto libro più caro di quello: « nescio an alium ex libris meis cariorem illo haberem ». E con quale entusiasmo non scrive egli di alcune orazioni di Cicerone mandategli da Antonio Loschi: « iam totus ardeo illarum studio; numquam mihi ita fuit fervens animus; magnum aliquem spero inde fructum elicere » (6).

Quale fosse il suo principio d'imitazione, non so, perchè non ne fa parola nelle sue opere; ma che egli ammettesse una

(1) L. Bruni. *Epist.*, VII, 3; cfr. Voigt, II, p. 423.
(2) *Op. cit.*
(3) *Dialog. ciceron.*
(4) Bibl. Bodl. di Oxford, *Laud. Lat.* 64, fol. 3.
(5) Barzizius. *Opera*, ed. Furietti, Roma 1723: *praef.* p. XIII.
(6) *Ibi*, pp. 194-195, 206.

certa libertà, si può dedurre dalla conclusione del suo trattatello *De compositione:* « ut rebus, de quibus dicendum est, ars numerorum serviat et non res arti », cioè l'armonia per l'argomento, non l'argomento per l'armonia. Questo trattatello discorre dell'*ordine*, del *nesso* e del *ritmo* nella composizione. Per essere libro grammaticale è dettato con una correttezza ed un'eleganza, che invano si cercherebbero nelle stesse *Eleganze* del Valla. L'esemplare che egli inculca sono le orazioni di Cicerone: e le norme che dà, specialmente riguardo al ritmo, sono molto bene intese; quantunque poi qualche volta se ne dimentichi egli medesimo, dove, p. e., trasgredisce la norma, già osservata tanto scrupolosamente da Cicerone, di non terminare un periodo con una finale di verso esametro. Noto queste minuzie, perchè il Barzizza è molto esatto e intendo sottoporlo per poco alla prova oggettiva, non trovando che del suo stile si siano molto occupati gli umanisti, se si eccettui il Cortesi, che toccandone appena, lo loda come grammatico accuratissimo e quasi perfetto, ma biasima l'aridità della forma e la soverchia diligenza (1).

Il Barzizza ha composto orazioni e lettere; comincio dalle orazioni e prendo la prima della raccolta (2). Ecco quali parole vi trovo non ciceroniane, taluna delle quali nemmeno è latina di buona lega: *visitatio*, *interspirare*, *affectio*, usata da sola: ecco alcune frasi: *antecedere*, *praecedere aliquem*, rispetto al tempo; *attingere aliquem*, eguagliarlo; *acceptos se reddere: se remittere; ad pedes tuos accessimus; quantum clementia tua nos fideles servos tuos amaret: devotione colere; per tot honorum gradus et quasdam velut scalas*, dove a far passare *scalas* bastano a stento il *quasdam* e il *velut*. — Qualche altro esempio, raccolto qua e là, di frasi e costruzioni: *maeror nondum est passus me ad te scribere* (3); *suis iussit ut neque mortem eius* (che si riferisce al soggetto) *et in eius funere* (4)...; *satis ac super*, invece di *satis superque*. — Inte-

(1) *Op. cit.*: se pure questo giudizio si riferisce al Barzizza.
(2) *Op. cit.*, pp. 15-17.
(3) *Ibi*, p. 57.
(4) *Ibi*, p. 58.

ressante è vedere come il Barzizza si contenga negli argomenti sacri. Prendo l'elogio di S. Francesco (1), da cui scelgo alcune dizioni: *religionis caput habemus ac principem dominum nostrum; quos sanctissimos confessores appellamus; in illo caelesti senatu; Deus princeps omnium rerum; cum adhuc seculari habitu uteretur; ex divino prodita oraculo institutio; virtus, quam humilitatem religio vocat; characteres sacratissimo eius corpori divinitus inusti; passio Domini; sentire medius fidius videor beatissimam illam Francisci animam ab astris intuentem.* Qui vediamo termini sacri conservati quali li voleva la tradizione cristiana; altri che già hanno assunto una mezza tinta pagana; altri che sono paganizzati interamente; però vi è un tale contemperamento di forma cristiana e pagana, che rende molto grave e originale questo stile. E mi pare che tra i latinisti il Barzizza abbia trovata la migliore risoluzione della disputa, divenuta in seguito tanto famosa e accanita, se negli argomenti sacri si dovesse tenere lo stile ecclesiastico o adottare il classico: eccesso vizioso sì l'uno che l'altro. Solo pochi anni dopo, nel 1430, frate Alberto da Sarzana ragionava lungamente contro Poggio, perchè costui nella sua lettera contro i minori osservanti avea detto *nettare di Giove* per *vino* (2).

Conchiudo che le orazioni del Barzizza sono di tre specie: le confidenziali e in queste lo stile è molto andante; le sacre e in queste lo stile è più sostenuto, ma sempre ritiene un colorito cristiano; le orazioni di argomento più grave, nelle quali lo stile è assai più forbito; quantunque in generale vi sia poco movimento. Le parole non sono sempre ciceroniane, ma sempre scelte; non è sempre ciceroniana la costruzione, ma corretta sempre.

Vengo alle lettere. Queste si distinguono in famigliari e in lettere d'esercizio. Comincio dalle prime e ne traggo alcune costruzioni: fecit *quod* neque mihi neque aliis auxiliari possim (p. 99); non est dubium, *quod* haberet (p. 107); sed certum est, *quod* possent (p. 107); ita occupatus sum, *quod* parum

---

(1) *Ibi*, pp. 45-50.

(2) ALBERT. A SARTH., *Op.*, epist. XXI.

prodessem (p. 107); non est expectandum, *quod* sit par tibi (p. 107); scio carum illum amore meo *habetis* (p. 115); vide *si* quid a me *potest* fieri (p. 121); fama pervenerat, *quod* auctus eras (p. 122); scis quantum te *diligo* (p. 123). Questa lista si potrebbe prolungare a piacimento, ma non aggiungerebbe nulla di più a provare che qui lo stile è assai naturale, veramente famigliare e libero d' ogni pesantezza erudita, come la hai nel Petrarca, d'ogni fioritura eccessiva, come la trovi nel Salutati, a segno che pecca spesso contro la grammatica; ma la grammatica il Barzizza la conosceva molto bene e questa trascuratezza è cercata, è voluta, per dar movimento più naturale alla lettera; qui troviamo per la prima volta il vero stile epistolare. Peccato che queste lettere non dèstino per il loro argomento tanto interesse nel lettore, quanto ne destano per la loro forma. Che il Barzizza del resto sapesse rispettare la grammatica anche nello stile epistolare, lo mostrano le sue lettere d'esercizio: *Epistolae ad exercitationem accommodatae*. Sono adattate a molti e diversi argomenti e contengono proposta e risposta. Reco qui il principio d'una risposta: « Etsi rumor sinister de rebus vestris adversis ad me delatus esset, non tamen putabam omnia apud vos desperata esse. Plura ergo, quam venire mihi in mentem potuissent, vobis acciderunt. Sed omnia vobis ab exteris hostibus adverse ceciderint: fremat bellicus tumultus et circumsonent moenia vestra: toleranda sunt omnia et fortiter ferenda, quae ab illis vobis imminent. Illud magis visum est mihi miserum, quod de seditione et odiis civium ad me scripsisti. Quae res nisi consilio et auctoritate eorum, qui bene volunt reipublicae consultum esse, mitigetur, plane mihi divinare videor omnia futura, quae etiam tu maxime times ». — E basti quest'esempio per tutti. Qui difficilmente si incontra una parola, una frase non ciceroniana; non è sempre ciceroniano il sapore, assai di rado ciceroniano il movimento, perchè lettere di argomento simulato; ma nell'insieme vi è una correttezza, una scrupolosità, di cui prima del Barzizza non si hanno esempi e ben pochi anche dopo di lui, finchè non si arriva a Paolo Cortesi.

Nel Barzizza dunque abbiamo tre gradazioni di stile: il più puro e più corretto è nelle lettere d'esercizio; meno puro nelle orazioni; più trascuratezza si nota nelle lettere famigliari, ma questa trascuratezza costituisce il maggior merito del Barzizza, il quale del resto ci ha disusati dai neologismi, dai barbarismi e dalla scorrettezza, di cui non va esente il suo grande contemporaneo, Leonardo Bruni.

Ora dò un saggio di critica stilistica, come la facevano in quel tempo. Guarino era allora uno dei più grandi institutori; e fu certo il primo, perchè il metodo che si attribuisce a Vittorino da Feltre probabilmente glielo insegnò lui stesso. Guarino in massima era ciceroniano: la prima istruzione egli la faceva cominciare sull'epistole di Cicerone; lo stile di Cicerone, scrive egli, dev'essere imbevuto dal giovinetto e gli va instillato come il latte materno (1). E nel lodare lo stile a taluno usava dire che s'accostava a Cicerone, che arieggiava Cicerone, che era un Cicerone. Ma nell'atto pratico era ben lontano il suo stile dall'ideale ciceroniano; molta trascuratezza, troppa slegatura delle membra del periodo e troppe reminiscenze poetiche. Giorgio da Trebisonda gli fece la critica, un po' acerba, se si considera che fu forse l'invidia che ve lo trasse, ma giusta, se la si considera oggettivamente. Giorgio prese ad esame nella sua *Rettorica* (2) l'orazione composta da Guarino nel 1428 in lode del Carmagnola; di essa trascrive tre passi e indi li racconcia come crede che dovrebbero stare, mutando solo qualche parola e facendo in fine qualche osservazione particolare. Io citerò un solo passo, prima come lo scrisse Guarino, poi come lo racconciò il Trebisonda:

« Plerique sunt, Comes insignis ductorque magnifice, qui res et facta veterum singulari admiratione consequantur et praecipuis laudibus in caelum efferant et recte sane. Dignissimum enim est eos suis non fraudare praeconiis, qui aut vitam per inventas artes excoluere aut praeclara edidere facinora. Verum enimvero iidem adeo asperi vel fastidiosi potius rerum aestimatores sunt, ut aetatem nostram aspernentur ac damnent, quae tamen permultos divino ingenio, excellenti doctrina et imperatoriis artibus nobis instructos ornatosque produxerit ».

---

(1) *Bibliot. Vindobon.*, cod. 3330, f. 148.

(2) *Rhetoricorum libri*, Basilea 1522, V, pp. 140 sgg.

Ecco la racconciatura:

« Plerique sunt, Comes insignis ductorque magnifice, qui. quoniam dignissimum est eos suis non fraudare praeconiis qui aut praeclara edidere facinora aut vitam per artes excoluere, ut res atque facta veterum praecipuis laudibus efferunt singularique admiratione prosequuntur, sic aetatem nostram aspernantur ac damnant: quos ego ideo asperos vel fastidiosos potius rerum aestimatores iudico, quod hanc aetatem permultos divino ingenio, excellenti doctrina atque imperatoriis artibus instructos atque ornatos nobis video produxisse ».

In Guarino troviamo tre idee, espresse in tre periodi indipendenti; il Trapezunzio invece ne ha fatto un periodo solo. Le tre idee sono: 1ª molti lodano gli antichi; 2ª hanno dovere di lodarli; 3ª ma disprezzano i moderni. Il Trapezunzio ha fatto dipendere dal pronome relativo *qui* le idee 1ª e 3ª, coordinandole con le congiunzioni *ut, sic*, e ha subordinato l'idea 2ª con un *quoniam;* in questa maniera ha reso il periodo più compatto, più raccolte le sue parti, dandogli un giro ciceroniano. Con un *quos* e un *ideo quod* ha subordinato quello che era coordinato; ha arrotondato il *produxerit* in un *video produxisse;* ha preposto *praeclara edidere facinora* a *vitam excoluere*, per terminar più gravemente la proposizione: ha levato *inventas* ad *artes* per diminuire l'impressione della reminiscenza vergiliana e ha sostituito degli *atque* e un *que* agli *et*, e *admiratione prosequi* a *admiratione consequi;* e tolto *in caelum* alla frase *laudibus in caelum efferre*. Quanto al *verum enimvero* osserva a Guarino che questa parola non può stare in un'orazione che appartiene al genere dimostrativo, e tanto meno in principio, poichè essa è propria del genere storico.

Io non devo giudicare se la racconciatura abbia migliorato o no come l'assieme del periodo, così anche le singole parti: mi basta notare per la storia che nel 1437, quando appunto ha avuto luogo questa critica (1), gli umanisti non si contentavano più di un latino scritto senz'arte.

(1) Voigt, II, pp. 140-141.

GENIALITÀ E GRAMMATICA.

(Poggio Bracciolini, Fr. Filelfo, E. S. Piccolomini, Campano, Lor. Valla).

Contemporaneamente al Bruni e al Barzizza lavorava a perfezionare lo stile latino anche Poggio Bracciolini, ma con una genialità che non ebbe pari nè prima nè poi. Poggio cominciò a formare il suo gusto latino copiando le lettere di Cicerone ad Attico per Cosimo dei Medici a Firenze; e Cicerone, ch'egli chiama padre suo (1), elesse per guida nello scrivere: « quidquid in me est, hoc totum acceptum refero Ciceroni, quem elegi ad eloquentiam docendam » (2). Ma in realtà poi se imitò Cicerone, non lo imitò nè nelle parole, nè nella frase, nè nella costruzione, ma nel colorito, nella vivacità dello scrivere, nella genialità dello stile; perchè lo stile di Poggio è tutto suo proprio, nè egli poteva imitarlo da altri, nè altri potevano imitarlo da lui. È stile originale, che ci fa rivivere in tutto il suo splendore una lingua morta: uno stile che sgorga spontaneo dalla ricca e inesauribile sua vena, perchè maneggia il latino come lingua materna. Egli non si preoccupa della parola, che inventa se non esiste e che torce a nuovi significati, se ne ha di bisogno; non si preoccupa della costruzione, ch'egli può piegare a tutte le esigenze del suo pensiero; non della frase, ch'egli foggia di suo dagli elementi che la lingua gli porge; non del periodo, ch'egli lega o spezza non secondo le norme di un modello, ma secondo lo stato dell'animo, che gli detta dentro. Era sicuro del fatto suo, e ne è prova quello ch'egli dice nella prefazione al *Liber facetiarum*, dove raccolse tutte le satire e le oscenità altre volte raccontate nel *bugiale* a Roma: di aver cioè voluto con questa raccolta mostrare come il latino potesse e dovesse essere adoperato ad esprimere ogni cosa. Nessuno sgrammaticò più di

(1) Valla. *Antidot. in Poggium*, I, 32.
(2) Poggius. *Epist.*, XII, 32.

Poggio e pure nessuno scrisse più genialmente di lui; nè in niuno altro meglio che in lui la terza vita della lingua latina, dopo i tempi di Roma e quelli del medioevo, ha trovato la sua intera espressione. « In Poggio, dice il Cortesi, ci fu splendor di eloquenza e se avesse adoperata tant'arte, quanto ebbe genio di scrivere, avrebbe superato nella gloria dell'eloquenza tutti i contemporanei. Le sue orazioni mostrano facondia e mirabile facilità. Volgeva tutte le forze e poneva tutto il suo esercizio nell'imitar Cicerone. Ma quella lucidezza e fluidità di scrivere del sommo oratore è tale, che si giudica agevole imitarla, e chi poi ne fa la prova, ne perde la speranza; se Poggio non la conseguì, la vagheggiava nel suo pensiero » (1). Il Piccolomini lo giudica a nessuno inferiore nell'eloquenza, quantunque ignaro della lingua (2). Ed Erasmo: « fu di vivace eloquenza: ebbe molta naturalezza, ma poca arte ed erudizione » (3).

Alla scuola di Poggio appartengono il Filelfo, che nella facilità gli rimane molto addietro e che Erasmo giudica più ciceroniano nelle lettere che nelle orazioni (4): il Piccolomini, in cui il Cortesi desidera maggior purezza di lingua latina: e il Campano, la cui fluidità e lucidezza egli tanto più ammirava, perchè congiunta a una certa armonia, di cui i moderni aveano perduto l'uso (5).

Ecco un saggio dello stile di Poggio, a cui farò seguire la critica che ne fece il Valla; il passo è tratto dalla prima invettiva contro il Valla:

« Si quibus in rebus honestum est consensuque omnium permissum iniuriam propulsare, in his maxime pudentis hominis officium esse debet, ut contumeliam depellat, in quibus honoris et existimationis laus aut ingenii fama a malevolis in discrimen adduci videatur. Conscium enim eorum, quae obiciuntur, se facere existimatur qui taciturnitate utitur pro defensione,

(1) *Op. cit.*
(2) *De viris clar.*, XVI.
(3) *Dial. cicer.*
(4) *Ibi.*
(5) Cortesius, *Op. cit.*

quoniam censetur quasi conscientia ductus non esse ausus improborum maledicentiae respondere ».

Gli nota il Valla che il primo periodo comincia col principio d'un verso esametro: *si quibus in rebus* e termina con la finale anche di un esametro: *adduci videatur*. *In his maxime:* doveva dire *in his certe*, o *in his profecto; esse debet:* bisognava dire *est* oppure *videri debet*. Poi quel *pudentis hominis officium esse debet* è superfluo; non aveva forse detto: *si quibus in rebus honestum est?* quando si dice *honestum*, non si comprende anche il *pudentis hominis officium?* perchè variare dunque quest'idea già espressa e sostituire a *iniuria* la parola *contumelia*. a *propulsare* un *depellat?* e dopo d'aver detto *contumelia*, aggiungervi tante parole per dichiararla, cioè *in quibus honoris*, ecc.? Dunque tutte le parole *pudentis hominis officium esse debet ut contumeliam depellat* sono una inutile e ambiziosa variazione di queste altre: *honestum est iniuriam propulsare*. — E poi perchè l'avversativa *aut ingenii fama?* che forse l'*ingenii fama* è una cosa diversa dall'*existimatio?* Perchè *honoris et existimationis laus?* non bastava *honor et existimatio?* Ridondante e vizioso è d'altra parte il giro: *in his rebus honoris et existimationis laus in discrimen adducitur*, ecc., perchè le cose in cui pericolano l'onore e la stima non sono infine che l'onore e la stima stessa. L'aggiunta *a malevolis* è superflua, imperocchè chi è che detrae all'altrui fama, se non un malevolo? Così pure invece di *adduci videatur* bastava *adduci videtur* e meglio ancora *adducitur;* ma il pomposo ciceroniano ha voluto chiudere il periodo con un *videatur*. Di questi scrittori parolai già si pigliava gioco Quintiliano quando diceva: « est etiam in quibusdam turba inanium verborum, qui dum communem loquendi morem reformidant, ducti specie nitoris circumeunt omnia copiosa loquacitate, quae dicere volunt ». Dopo questa critica il Valla ricompone il periodo così: « si quando honestum est consensuque omnium permissum iniuriam propulsare, tunc certe honestum permissumque est cum honor et existimatio in discrimen adducitur ». — E il secondo periodo? più vizioso del primo, esclama il Valla, giacchè si compone di due parti, di cui la seconda dovrebbe contenere la ragione della prima, dovechè invece l'una è ripetizione dell'altra con mutate parole: infatti nella prima c'è *enim*, nella seconda *quoniam;* ivi *existimatur*, qui *censetur;* ivi *conscium se facere*, qui *quasi conscientia ductus;* ivi *taciturnitate utitur pro defensione*, qui *non esse ausus respondere;* ivi *eorum quae obiciuntur*, qui *improborum maledicentiae*. — Poggio è tutto così, conchiude il Valla; eppure questo vizio di ripetere e di voltare e rivoltare le medesime idee con altre parole gli ha acquistato presso gli ignoranti fama di spontaneità, la quale invece è negligenza, melensaggine, difettosa affettazione (1).

Siccome è interessante questa critica, così ne darò un altro saggio, desumendolo dall'invettiva del Valla intitolata: *in Poggium Flor. actus scaenicus*, nella quale nota gli errori contenuti in una lettera di Poggio al Niccoli. Di questi errori io sceglierò una sola parte e segnerò fra parentesi le correzioni del Valla. — Barbarismi: *quindena* (in questo modo si potrebbe foggiare anche *decena* e *quarantena*); *certificare* (vocabolo da cucina); *frustecula* (*frustula* si dee dire); *circumvicini* (*accolae*); *dignificare* (*dignos facere*); *libruncula castratelli* (*libella vervecini*). — Sgrammaticature: libri sacri *refrixerunt* pristinum studium humanitatis (*refrigescere* è intransitivo); devenire *in manibus* (*in manus*); *hoc* fasciculum (*hunc*): *vestes illas attritas* cupio ut *vendantur;* melius est peccare in hanc partem, quam omnino esse *incredulus* (*incredulum*); cupio *divitem* fieri (*dives*); *sollemniis* (*sollemnibus*); *insigniis* (*insignibus*); *exemplariorum* (*exemplarium*); *abiet* (*abibit*); intellige me non dormitare ut *ceteri* (*ceteros*): te non potui *convivari* (*convivari* è intransitivo); *decadarum* (*decadum*); unumquemque taedet *conditio* fortunae suae. — Improprietà di parole e di frasi: *constitue te* in locum, *transfer te* in locum meum (*confer te* o *perge*); *pone te* in loco meo (*te constitue*); cum *de proximo* instet *coronatio* regis (*cum instet dies coronationis*); quas miseram Pisas per *unam* navem, quae *iamdudum appulit* in portum (*quandam* navem... *iampridem... appulsa est; homo vel ventus appulit*);

---

(1) VALLA, *Antid. in Poggium*, III, pp. 110-112.

aut. *amplius* (*ad summum*); *sin autem* (*si non*); sumere *mutuo* libros (*commodato*; si dice, p. es., *mutuo sumere oleum, salem*, ecc., e non *ollam, cultrum*, ecc.); quae cum omnibus gravia *sint*, tum mihi *praesertim* consueverunt esse *gravissima* (quae cum omnibus, tum vero mihi gravia esse consueverunt: *difficiliter* (*difficile* vel *difficulter*): *nec nunc quoque* illum mitto (*ne nunc quidem*); summa cum animi *iocunditate* (*voluptate*); *equos conscendentes* una *versus pontem* proficiscuntur (*equis conscensis* una *pontem versus*...); *supra* pontem cum transirent descendens ex equo *quamplures* donavit (*per* pontem, ... *complures*); *praesto* discedere (*cito*); ego dixi *sibi* (*ei*); ipse cogit me ad *eum* ire (*se*): Rheni *rumor* (*strepitus* o *fragor*); fenestrellae *perplures dimissae* (fenestrellae *complures solo propinquae*); volebam Lucretium *pro quindecim diebus* (*ad quindecim dies*); *penes* Sanctum Petrum (*prope*): neque *tantum* damna existimanda sunt, *quantum* dedecus (*tanti* ... *quanti*); *potissime* (*potissimum*); *sed hic praesto* scribit et ego ad vos *praesto* veniam (*et is celeriter* ... et ego ad vos *propere*); *quo ad* animum (*quantum ad* animum *pertinet*): credo me propediem *valere* et rem *me* confecturum (*valiturum* ...; il secondo *me* è superfluo); nisi quid ille secus statuit *venum ire debere* (*venum ire* senza il *debere*).

Questo scatenamento di critica, di cui ho dato due piccolissimi saggi, lo provocò il Bracciolini stesso. Egli, vecchio paladino di Cicerone, si era sdegnato della petulanza del giovinetto Valla, appena allora uscito dalla scuola, nell'attaccar Cicerone in quell'opuscolo dove confrontava Cicerone e Quintiliano; da quel giorno in poi una immortale inimicizia sorse tra questi due poderosi ingegni, che aspettava un'occasione per erompere in acri invettive. E l'occasione venne. Avea pubblicato Poggio un volume di sue lettere, una copia delle quali capitò nelle mani di un catalano, alunno del Valla, e quel giovinetto vi fece alcune critiche in margine. Veduto da Poggio quel codice con le annotazioni, ne sospettò autore il Valla stesso e gli scrisse contro un'invettiva. Questa invettiva ha molta importanza, non per le ingiurie di cui è ripiena, ma per la parte di difensore degli autori antichi e specialmente di Cicerone che vi rappresenta Poggio. Egli li difende contro le calunnie del Valla, cui pretende di cogliere spesso in fallo, massime quando parla di Cicerone, di cui Poggio vuol saper dire con molta presunzione se la tal parola, la tal frase la ha o no adoperata. Fin che si trattava di ingiurie, Poggio era padrone del campo, ma si pose su un terreno falso, quando questionò col Valla di lingua e di stile. Ecco un saggio delle critiche di Poggio. Egli esamina alcuni errori del Valla, che si trovano nel proemio alle *Eleganze*, e si introduce così: « quid autem in *illo suo perlongo* insulso ridiculo non prooemio, sed verborum et somniorum *congerie*, continetur? infinitum esset errores omnes *prosequi* ». E ne sceglie alcuni. Il Valla, dice egli, usa le parole *leguleius* e *architectari:* che le ha forse trovate in Cicerone queste due gemme di parole? Scrive poi il Valla: « romanum imperium ibi esse, ubi romana lingua dominatur »; e non si è accorto che non la lingua *dominatur*, ma gli uomini *dominantur?* voleva dire forse: *in usu est et in pretio apud multos;* e poi non è esatto *lingua romana*, ma *lingua latina*, perchè *lingua romana* significa il solo idioma della città di Roma. — Prima di confutarlo, il Valla gli osserva che non si dice *in illo congerie* e che invece di *suo* andava *eius* e non *perlongo* ma *praelongo;* non *prosequitur*, che vuole sempre essere accompagnato da un ablativo, ma *persequitur*. Indi gli fa sapere che *leguleius* si trova in Cicerone proprio nel primo libro del *De oratore* (236) e che *architectari* si trova parimenti in Cicerone nel *De finibus*, secondo libro (52) e nei libri *ad Herennium*. Quanto alla denominazione di *lingua romana*, doversi ritenere giusta, perchè fu Roma che nobilitò e propagò a tutto l'impero la lingua latina; e quanto all'espressione *lingua dominatur*, esser questo un traslato comunissimo (1). Non solo dunque in fatto di critica e di erudizione grammaticale, ma anche nella conoscenza dell'uso ciceroniano il Valla è immensamente superiore a Poggio. Eppure, esclama il Valla rivolgendosi a Poggio, tu ti chiami famigliarissimo di Cicerone; famigliarissimo, ma non sei mai entrato in casa sua;

---

(1) VALLA, *Antid. in Poggium*, II, pp. 96-101.

ti si potrebbe tutt'al più chiamare portinaio della casa di Cicerone, o guattero o fornaio o cuoco o stalliere, ovvero, « quod tibi et honestissimum et iocundissimum est », cantiniere (1).

Che ne pensavano i contemporanei? Certo i più ci pigliavano gusto, ma il pio Alberto da Sarzana di quelle battaglie (*digladiationes*) dei ciceroniani, come egli li chiama, mettendoli tutti in un fascio, si accorava e si scandolezzava; tanto che nel 1437 di ritorno dalla Terra Santa si augurava di essere morto, anzichè tornato tra quelle zuffe (2).

OPPOSIZIONE.

(Lorenzo Valla).

La incontrastata e sempre più inneggiata apoteosi di Cicerone dai tempi del Petrarca fino ai suoi, stimolò lo spirito oppositore e aggressivo del Valla a una ribellione; la quale fu e sembrò tanto più ardita, quanto più venerato era Cicerone e quanto più si considerava l'età e l'autorità dei suoi ammiratori e la giovinezza e l'oscurità del Valla che lo attaccava. Poichè il Valla poteva avere un 23 anni, quando a Roma compose il suo libro intitolato: *Confronto tra Cicerone e Quintiliano*. Il Valla era ammiratore di Quintiliano e dovette certo essere disgustato, come del troppo onore in che si teneva Cicerone, così del disprezzo in che si aveva Quintiliano. Il Filelfo, p. es., giudicava lo stile di Quintiliano quasi barbaro: « sapit hispanitatem nescio quam, hoc est barbariem plane quandam; nullam habet elegantiam, nullum nitorem, nullam suavitatem; ... neque movet dicendo Quintilianus, neque satis docet, nec delectat » (3). In quel libro il Valla dimostrava che Cicerone

---

(1) *Ibi*, II. p. 74.

(2) ALB. A SARTH., *Op.:* epist. 46.

(3) VOIGT. I, p. 467, nota 1.

aveva commesso errori nei suoi precetti rettorici e che anche nell'arte oratoria aveva difetti; gli anteponeva Quintiliano. Il libro fece romore ed è a deplorare ch'esso sia andato, irremissibilmente forse, perduto; lo conosceva certo il Pontano verso la fine del 1500, che nell'*Antonius* (1) ribatte minutamente e diffusamente i grammatici (alludendo senza dubbio al Valla), nell'accusa fatta a Cicerone di non aver esattamente determinato il fine dell'oratore e di non avere definito bene lo *status* (termine oratorio): due punti nei quali essi davano la superiorità a Quintiliano; ma nel 1500 il Florido, che tenne parola di questi giudizi del Valla e gli rimproverava di aver preposto Quintiliano a Cicerone, mostra di non aver conosciuto quel libro e cita solo alcuni passi delle *Eleganze* e della *Dialettica*, in cui quei giudizi erano ripetuti (2). Le prime ribellioni sono sempre interessantissime; tanto più che dal Valla in poi il regno di Cicerone è molto contrastato: e quello che egli fece per l'arte rettorica, fece non molto dopo la metà del secolo l'Argiropulo per la filosofia, intaccando Cicerone nelle sue cognizioni filosofiche.

Però se il Valla era anticiceroniano, ha promosso per parte sua più di qualunque altro umanista lo studio della latinità pura, che poi venne ristretta alla sola latinità di Cicerone dai ciceroniani della fine del quattrocento e della prima metà del cinquecento. A questo scopo compose il Valla la sua famosa opera le *Eleganze latine*, che come lavoro stilistico ha un'immensa importanza storica. Il Valla non è stilista quando scrive, ma è finissimo stilista quando discute di lingua latina: e tra il Valla teorico e il Valla scrittore ci è tanta distanza, che i critici stessi di allora se ne stupivano e il Giovio (3) dice che lo stile della storia di Napoli del Valla non pare affatto di quel Valla che insegnò altrui le eleganze, ma non le seppe usare; e infatti Bartolomeo Fazio scrisse contro di lui tre invettive, mostrando gli errori di parola, di costruzione e di

---

(1) *Opera*, Lyon 1514, pp. 177-187.

(2) Floridus, *Apologia*, pp. 11-12.

(3) *Elogia*, 13.

stile che avea commessi nella suddetta storia: p. es. *parciturus; primigenius*, per dire primogenito; circiter *ad* tria milia; *inflatus* torrens invece di *auctus imbribus*; *peius* nocere invece di *gravius* nocere; iubet *bombardarum ictus emittere*, invece di iubet *tormentis muros quati; virilibus partibus* dividere per *viritim* od *aequis portionibus* etc. (1); errori che il Valla difende più con prontezza di erudizione e con spirito. che con verità (2).

Anche il Cortesi si domanda una spiegazione di questo fatto e risponde benissimo che altro è scrivere, altro ammaestrare: « non est eadem ratio scribendi, quae praecipiendi »; che il Valla cercava il valore delle parole, ma non esaminava seriamente la struttura del discorso; quindi emendò molta barbarie e l'uso corrotto e fu di grande utilità alla gioventù, ma che la vera arte dello scrivere o l'ha trascurata o non l'ha conosciuta. Imperciocchè oltre che al significato delle parole in sè stesse, bisognava studiare il loro ufficio nella frase e nel periodo e badare alla loro architettura simmetrica, a quella che si chiama la concinnità: « florens enim ille et suavis et incorruptus latinus sermo postulat sane conglutinationem et comprehensionem quandam verborum, quibus conficitur ipsa concinnitas » (3). — E mi pare che il Cortesi non abbia torto.

Il Valla distingue due maniere di scrivere: lo scrivere secondo le regole della grammatica e lo scrivere secondo l'eleganza latina; egli non si occupa punto di grammatica, ma *ad altiora ducente stilo* insegna lo scrivere secondo l'eleganza (I, 15; III. 52). E un'altra distinzione, pure importantissima, fa il Valla. tra l'uso poetico e l'uso della prosa; egli dichiara francamente di non occuparsi delle licenze dei poeti: « neque in hoc toto meo opere tam licentiam poetarum consector, quam usum oratorum » (I, 19; cfr. II, 36; V, 93).

A questi due postulati fondamentali del suo libro il Valla aggiunge un esatto senso storico della lingua latina. Egli di-

---

(1) Bartol. Facius, *Invectiva I in Vallam.*

(2) L. Valla, *in Bartol. Facium Invectiva I.*

(3) *Op. cit.*

stingue due periodi principali di essa, il periodo di Cicerone e il periodo posteriore, ch'egli denomina di Quintiliano (II, 50); questo secondo periodo comincia con Livio, Vergilio e Orazio (II, 43) ed è una distinzione acutissima e nuova per quel tempo; il Valla deve aver notato l'influenza della sintassi greca sui poeti Vergilio ed Orazio e l'influenza di Vergilio sulla prosa di Livio, i quali perciò appartengono più al periodo posteriore che all'anteriore. Vedasi con che sicurezza egli giudica a quale dei due periodi appartiene una locuzione: *quatenus* nel senso di *quoniam* non si trova in Cicerone, bensì nel secolo di Quintiliano (II, 43): nel secolo di Quintiliano si usa *temere* per *fere;* le parole *alioquin. alias, nihilominus, supra, super* sono nel periodo posteriore adoperate in significato un po' diverso da quello che dà loro Cicerone e altre se ne sono aggiunte: *proculdubio; obiter* per *specialiter; quotiens* per *quando; citra* per *sine; interim* per *aliquando; meo, tuo, hoc nomine,* per *mea, tua, hac causa* (II, 50); *novissimus* per *ultimus* (III, 36). Quello che dei periodi, dicasi degli autori. Il Valla pone come somme autorità Cicerone e Quintiliano; di Quintiliano dice: « quem omnibus sine controversia ingeniis antepono » (I, 31); e di Cicerone: « quid non recte Cicero dicat? » (IV, 77); di tutti due: « duo lumina atque oculi cum omnis sapientiae, tum vero eloquentiae latinae » (I, 15) (1). Egli è tanto famigliare con questi due autori, conosce tanto bene i loro usi particolari e il loro stile, che se trovasse p. es. in loro un *quam* con un aggettivo positivo, invece di *valde*, non esiterebbe a dichiararlo un errore di scrittura (I, 19). Il Valla sa che Cicerone e Quintiliano ad *ille quidem* fanno sempre seguire un *sed* (II, 23); che la particella affermativa *utique* non si trova mai o quasi mai in Cicerone, spesso invece fra i posteriori (II, 27); che *simul* ripetuto non l'ha mai trovato in Cicerone (II, 32); che *olim* presso Cicerone è rarissimo, frequentissimo presso Quintiliano (II, 35); che *et*

---

(1) Cfr. *Antid. in Pogg.*, I, p. 39: *neminem posse neque Quintilianum intelligere, nisi Ciceronem optime teneat, neque Ciceronem probe sequi, nisi Quintiliano pareat.*

non si trova in Cicerone nel significato di *etiam* (II, 59); che *affectus* non è usato da Cicerone, bensì *affectio;* mentre Quintiliano usa poco *affectio* e più spesso *affectus* (IV, 78); che *vicissim* in Cicerone e Quintiliano non si trova che nel senso di *secundo loco, e diverso, e contrario;* e che inoltre Quintiliano usa *invicem* per *vicissim* e per *alter alterum* in senso reciproco (II, 60).

Un'altra prova del senso storico che guidava il Valla nel trattare la lingua latina l'abbiamo in questo, che di molte costruzioni erronee egli trova l'origine nel greco. Così i verbi *benedico* e *maledico* furono costruiti talora con l'accusativo, per influenza del greco (I, 12); alcuni col genitivo partitivo di un nome che esprime pluralità adoperano il comparativo, p. es. *maior discipulorum*, imitandolo dagli scrittori ecclesiastici, che traducevano dai greci (I, 15) (1); si confonde l'uso delle particelle *velut* e *sicut*, delle quali il greco ha una sola corrispondente (II, 36); e si scambia l'uso di *an* e di *aut*, nel quale « plerique multis iam seculis peccaverunt et peccant », perchè i traduttori dal greco hanno trovato la sola congiunzione ἤ corrispondente alle due latine. Reca poi una seconda ragione, e questa mi pare importante in bocca di un umanista come il Valla, ed è l'influenza della lingua italiana, la quale adopera la congiunzione *o* tanto per *an* quanto per *aut* (II, 17). Quest'influenza della lingua italiana sulla latina, che gli umanisti per disprezzo del volgare non avrebbero mai confessata, ebbe molta parte nel foggiare il nuovo stile latino, il quale in autori come il Poliziano e più ancora il Pontano, specialmente nelle loro poesie, si è amalgamato con l'italiano, in modo da generare una forma nuova affatto e tanto attraente per noi, perchè sotto a quell'involucro latino sentiamo vibrare l'armonia del nostro idioma materno. Del resto, tra gli umanisti più umili, tra i piccoli grammatici qualcuno, come p. es. il Mancinelli, nella seconda metà del secolo XV cominciava a insegnare i rudimenti grammaticali col volgare paesano; anzi il Mancinelli compose una grammatichetta, intitolata *Donatus*, in cui

---

(1) Cfr. *Antid. in Pogg.*, I, pp. 41, 43.

alle forme latine corrispondono le vernacole, e un frasario latino-vernacolo, intitolato *Emporium*.

Tornando al Valla, egli nell'insegnare le eleganze latine tiene costantemente l'occhio all'uso corrotto; e di solito nell'esporre le regole ha di mira qualche autore, di cui riferisce il passo senza nominarlo, e lo corregge. Ciò rende il suo libro assai più pratico, perchè il Valla non componeva un trattato teorico e astratto, ma combatteva contro i falsi insegnamenti dei grammatici contemporanei o i cattivi esempi degli scrittori d'allora. Ecco alcune prove prima di parole errate o barbare, poi di modi e costruzioni errate e ch' egli corregge. Non si dice *calamarium*, ma *theca calamaria* (I, 8); *benedicus* non esiste (I, 12); da *industria* non si forma *industriosus* ma *industrius*, come da *virtus* non si forma *virtuosus* (I, 23); non è buono usare *ceu* per *sicut* (II, 36); i difetti degli uomini e delle cose non si traducono per *defectus*, ma *vitia*, *culpae*, *mendae* (IV, 6); l'indulgenza in senso religioso non si traduce per *indulgentia*, ma per *venia* (IV, 18); *ecclesia* non significa la chiesa, il tempio, ma la società dei fedeli (IV, 47); non si dice *homo carnosus*, ma *corpulentus* (IV, 73); alla *fides* cristiana potrebbe corrispondere *persuasio* (V, 30). — Modi e costruzioni; non si dice: *iste est nimis iuvenis ad dandum sibi tale negotium*, ma *est nimis iuvenis* o *iunior quam ut ipsi detur tale negotium*, o *iunior quam cui detur*..... (I, 19); non è latino *urbs in periculo capiendi est*, ma *in periculo est ne capiatur* (I, 29); non *cum gladio se percussit*, ma *gladio* (II, 6); *non modo absolvendum, sed etiam graviter puniendum puto;* bisognava dire: *non modo non absolvendum*... (II, 30); non è esatto *ebrietas est comes libidinis et intemperantiae*, ma *libido et intemperantia est comes ebrietatis* (IV, 38); *omnia bonum quoddam appetere videntur*, meglio *expetere* (V, 7); non si usa *dare fidem* per *habere fidem*, nel senso di *credere* (V, 16). A questi esempi ne aggiungo uno, in cui il Valla emenda sè stesso. Molti oggi adoperano, egli dice, la seguente costruzione: *non veni solvere legem;* ma i più fra i dotti avrebbero usata quest'altra: *ad solvendam legem;* e io *ora* li imito e li propongo come esempio agli altri: « quos et ipse *nunc* imitor et imitandos omnibus arbitror » (I, 27). E basti così. A ognuno di questi esempi e a moltissimi altri si trova una delle seguenti formole: « ut aliquis loquitur »; « multi appellant »; « vulgo nunc accipiunt »; « quidam doctus utitur his temporibus »; « quidam dicunt »; « quidam accipiunt »: « peccavit non incelebris huius aetatis vir »; « quidam non indoctus hac aetate scribere ausus est » e simili altre.

Io non esamino fino a che punto siano esatte le osservazioni e le regole del Valla, perchè io considero qui il libro non nel suo valore assoluto, nel qual caso ci sarebbe da tirar più di una volta le orecchie al geniale autore, ma nel suo valore storico, in quanto che contribuì a ridurre a leggi lo studio dello scrivere elegantemente, che prima si fondava sulla sola imitazione empirica: ad acuire il senso critico degli scrittori, avvezzandoli ad apprezzar lo stile secondo i classici e secondo i periodi della lingua latina; e a dar bando finalmente a certi barbarismi. che fino allora aveano insozzate le opere degli umanisti, non esclusi i più grandi. Molte parti furono trattate con vera genialità, come la dottrina dei gerundi e dei gradi degli aggettivi, nel primo libro; altrove mise un riparo a una scandalosa confusione, come nell'uso dei numeri, nel libro terzo; alcune regole poi valevano addirittura altrettante scoperte nel campo della grammatica, quali del *per*, del *quam* e del *quisque* con gli aggettivi. E il Valla se ne teneva e quando si accorse che Antonio da Rho ne faceva passare qualcuna per sua o le contraddiceva nella sua enciclopedia alfabetica grammaticale, intitolata *De imitatione*, scrisse le sue acri *Adnotationes* al libro del da Rho. Acri, ma sempre dettate con mano maestra, dalle quali risulta la conferma di quanto ho poco sopra conchiuso. Rimprovera il Valla al da Rho di non aver nessun discernimento nella scelta degli autori, citando l'Accorsi, nè sapendo che « glossatores ab elegantia longissime absunt » (1); citando Macrobio « doctus quidem vir, sed nequaquam ex eloquentibus » (2); Gellio « ho-

(1) VALLA, *Adnotationes*. Venezia 1519, p. 133.
(2) *Ibi*, p. 135.

minem curiose nimium et superstitiose loquentem »: e Appuleio « cuius sermonem si quis imitetur non tam auree loqui, quam nonnihil rudere videatur » (1). Gli rimprovera di non distinguere l'uso proprio dal traslato (2); e un gran numero di barbarismi, come: *aliqualis*, *appodiare*, *diversimode*, *avisare*, *bancalia*, *tregua*, *ridiculose*, *pariformiter*, *extrinsecus* e *intrinsecus* (aggettivi), *respoliatus*, *induciari*, *infiteri*, *complices*, *rancor*, *pensionarius*, *instantia*, etc. etc. Gli mostra che si deve dire *insula Sicilia* e non *insula Siciliae* (3) e gli raddirizza, fra gli altri, il seguente periodo: « sed hoc non satis non *hiis* modo qui doctrinam hanc ingressi *noviter* sunt, *ceterum* ne his *quoque* qui aliquid *profuerunt* », in questo modo: « sed hoc non satis non *iis* modo qui doctrinam hanc ingressi *recenter* sunt, *verum* ne his *quidem*, qui aliquid *profecerunt* » (4).

PRIME BATTAGLIE.

(A. Poliziano, Paolo Cortesi, Bartolomeo Scala, G. Pontano, Beroaldo il Vecchio, Batt. Pio).

Il Barzizza era stato il primo apostolo del ciceronianismo: ma io ho già mostrato quanto fosse lontano dall'essere ciceroniano. Lo stile di Poggio ha oscurato quello del Barzizza e quantunque egli si professasse ciceroniano, era ben altro: ma contribuì molto ad educare gli umanisti a uno stile disinvolto, libero, originale e questo era il miglior modo per prepararsi ad essere ciceroniano degnamente. Il Valla acuì il senso critico dei latinisti e un ritorno allo stile del Petrarca

---

(1) *Ibi*, p. 136.
(2) *Ibi*. p. 137.
(3) *Ibi*. p. 130.
(4) *Ibi*. p. 138.

fu reso impossibile; ma fu reso impossibile anche imitare Poggio nelle sue costruzioni troppo arbitrarie e nelle sgrammaticature. Perchè, bisogna dirlo, Poggio poteva sbracciarsi quanto voleva a criticare lo stile del Valla e a metterne a nudo gli errori nelle sue sconce invettive, accrescendo il patrimonio delle proprie sgrammaticature, mentre voleva correggere le altrui: ma il fatto è che il Valla non si era illuso di raddrizzar le gambe ai cani; egli scriveva il libro delle *Eleganze* per i giovani: « non eram nescius iam inde ab initio cum linguae latinae Elegantias componebam fore ut, quantum favoris apud iuvenes ac ceteros bene dicendi studiosos mihi conciliarem ex illo opere, tantum odii apud eos, qui falsam sibi elegantiae persuasionem induissent, contraherem » (1). La gioventù e gli studiosi risposero alle previsioni del Valla e il terreno veniva ormai preparandosi per un futuro ciceroniano nel suo vero significato e il ciceroniano fu Paolo Cortesi.

Il Cortesi era di S. Gemignano di Toscana, ma nacque a Roma, nel 1465, ove visse gran parte del suo tempo. Ebbe molta dimestichezza coi pontefici e con la Corte romana, fu segretario sotto Alessandro VI e Pio III, indi vescovo di Urbino. Morì nel 1510 (2). Scrisse un libro *De cardinalatu*, che intitolò a Giulio II, e quattro libri di sentenze. Ma il libro che più ha importanza per la storia del ciceronianismo è il suo *Dialogus de hominibus doctis*, da me tante volte citato e che fu il primo libro di vera critica letteraria e stilistica nel periodo del risorgimento. Fu terminato press'a poco nell'anno 1490, ventesimoquinto del Cortesi; eppure vi si manifesta tanta maturità di critica e di senno. Quel dialogo è una rassegna di tutti i grandi scrittori italiani da Dante fino ai tempi suoi: si finge avvenuto nell'isola del lago di Bolsena e fu dedicato a Lorenzo dei Medici. Il Cortesi ne mandò una copia al Fosforo, vescovo di Segni, il quale glielo lodò, dicendogli che nella lettura del suo libro gli parea di sentire proprio Cicerone stesso: ne mandò copia col giudizio del Fosforo anche al Poliziano,

(1) Valla, *Antid. in Pogg.*, I. 11.
(2) *De hom. doctis*, *praefat.*

il quale non fu meno gentile, nel rispondergli e lodarglielo, che il Fosforo, al cui giudizio sottoscriveva: « Phosphori sententiae non accedo solum sed et faveo ». Egli scorgeva nel libro una maturità superiore all'età; schietta e franca la critica dei letterati; ma lo stile un poco inferiore ancora alla intenzione dell'autore: « stili quoque voluntas apparet optima et, ut auguror, a summo non diutius afutura » (1). Il Cortesi fu studiosissimo della forma ciceroniana e difficilmente si trova in lui qualche parola, come *nonnisi*, che si scosti dall'uso di Cicerone, la cui influenza si riconosce nell'andamento piano e chiaro del discorso, nei passaggi dei periodi: anzi alle volte pecca nel troppo e di quando in quando scappa fuori una finale di periodo con *esse videatur*, tanto rimproverata a Cicerone nei tempi antichi e ai ciceroniani nei tempi del risorgimento. Il Volaterrano gli nota una certa mollezza di stile, con la quale sapeva rammorbidire i concetti duri ed aspri; ma aggiunge essere stato tanto in lui lo scrupolo della forma, che lasciava perdere le idee anzichè presentarle in una veste non adorna (2). E il segreto dell'arte sua stava, com'egli stesso il Cortesi afferma, nel dare al discorso un giro ritmico, come si sente appunto in Cicerone e che gli scrittori del suo tempo ignoravano ancora intieramente: « mea quidem sententia est orationem latinam numerosa quadam structura contineri oportere, quae adhuc omnino a nostris hominibus ignoretur » (3).

È celebre la questione sul ciceronianismo dibattuta fra il Cortesi e il Poliziano; ma prima di parlarne, devo ricercare il principio stilistico del Poliziano. Il Poliziano nello stile è eclettico: non segue nessun autore in particolare, ma piglia da tutti il meglio, o siano del secolo aureo o dell'anteriore o del posteriore. Con questo principio egli si piantava contro ai ciceroniani, i quali gli movevano perciò aspra guerra, come si scorge dalle difese ch'egli fa qua e là di sè medesimo. In nessun luogo come nella lettera a Pietro de' Medici (4) si sente

---

(1) CORTES., *De hom. doctis, praef.*

(2) *Ibidem.*

(3) *Ibi*, p. 231.

(4) POLIT., *Epist.*, lib. I.

il dispetto del Poliziano per le critiche che gli si facevano e ad un tempo una esplicita professione di eclettismo: « uno mi dirà, egli scrive, che le mie lettere non sono ciceroniane; ma io gli rispondo che dello stile epistolare di Cicerone non si deve tenere verun conto; un altro mi rimprovererà di imitar Cicerone: ma io gli rispondo che niente io desidero meglio che di acchiappar almeno l'ombra di Cicerone; un altro vorrebbe che io imitassi Plinio, scrittore maturo e dotto; ma io gli dico che ho in disprezzo tutto il secolo di Plinio; a un altro parrà che io arieggi un po' troppo Plinio e io gli citerò Sidonio Apollinare, scrittore non dispregevole affatto, che dà la palma a Plinio nello stile epistolare ». Uno degli avversari di questo eclettismo e nemico personale del Poliziano per giunta era Bartolomeo Scala, che si illudeva, dice Erasmo, di essere ciceroniano, quantunque lo dissimulasse, e a cui non piacevano Ermolao Barbaro e il Poliziano, perchè poco ciceroniani: « ma io del resto preferisco quello che il Poliziano fa dormendo, a quello che lo Scala scrive da desto e con ogni diligenza » (1). Lo Scala pertanto inculcava al Poliziano l'imitazione di Cicerone; e il Poliziano gli risponde che Varrone dava a Cicerone la palma dell'eloquenza, ma quella della lingua la riteneva per sè; che fra gli scrittori romani vi sono anche Sallustio e Livio e Quintiliano e Seneca e i due Plini; e che l'imitar solo Cicerone è una pazzia, perchè con un solo stile non si può esprimere tutto; lo stile deve variare secondo la materia, la persona a cui si scrive e il tempo: non so proprio sopportare certi presunti dotti, che vanno in tutto sulla falsariga di Cicerone. Lo Scala gli replica che potrebbe essere d'accordo con lui riguardo a Sallustio e Livio; ma non ammetterà mai Quintiliano, Seneca e i due Plini fra gli autori da imitare (2).

Un altro carattere dello stile del Poliziano era una certa oscurità e singolarità affettata. Egli andava pescando con assidua cura tutti i vocaboli e le locuzioni più rare e meno

---

(1) Erasmus. *Dialog. ciceronianus.*
(2) Polit., *Epist.*, lib. V.

note: « e lo faccio apposta, dice egli stesso, perchè io scrivo per gli eruditi e non per il volgo; etenim si quae cuique obvia sint, ea tantum noster sermo recipiat, nulla magis quam tabellionum lingua utemur; d'altra parte reputo giusto rimettere in luce quella recondita suppellettile, a patto che si faccia con discernimento » (1). Lo Scala, questa volta abbastanza argutamente, chiamava il Poliziano ed Ermolao Barbaro, dilettante anche lui di parole rare, col nome di *ferruminatores* (2): Ermolao aveva adoperato questo vocabolo strano. Altri chiamavano quelle parole *portenta verborum*; cosa che dava ai nervi al Poliziano: « quali siano quelle che chiamano *mostruosità di parole*, io non lo so: seppure non credono mostruosità quelle parole che sono nuove per loro e che hanno ora udito o inteso la prima volta. Poichè io non ho coniato di mio nessun vocabolo, nè adopero se non autori generalmente adottati. Ma io non sono di quelli che lasciano in gran parte perire la lingua latina, essendo da ognuno schivate quelle parole che sono dalla moltitudine ignorate; e infatti siamo ridotti al punto, che nemmeno le parole dei più stimati autori possiamo adoperare sicuramente, perchè comunemente sono poco note » (3). Per mostrare con quale compiacenza egli inserisca queste parole nel suo discorso, serva il seguente passo: « mox commentarios quoque in easdem silvas (Statii) publicaturus brevissimos illos quidem, sed tamen prorsus (ut plautinum verbum paene amissum revocetur) *amussitatos* » (4). A lui pareva di salvare e direi quasi di galvanizzare queste parole, adoperandole: era però una rivendicazione generosa, ma vana. Pietro Crinito (Ricci) racconta che il Poliziano si dilettava moltissimo di parole composte, come le seguenti: *arietes reciprocicornes et lanicutes*, trovate nei mimi di Laberio: e di queste altre: *bestiae exungues et excornes*, trovate in Tertulliano; perchè quella composizione era simpatica

---

(1) Polit., *Epist.*, lib. V: cfr. *Miscellanea. praef.*
(2) Polit., *Epist.*, lib. V.
(3) *Ibi*, III, pp. 78-79.
(4) *Ibi*, VI, p. 159.

e graziosa e non ingrata come in molte altre (1). Io mi contento di trascrivere qui, come saggio di questo stile, un periodo della prefazione alle *Miscellanee* (p. 485), nella quale pare che il Poliziano abbia voluto pensatamente sbizzarrirsi: « Ergo ut agrestes illos et hircosos quaedam ex his impolita et rudia delectabunt, exasceataque magis quam dedolata nec modo limam sed nec runcinas experta nec scobinas, ita e diverso vermiculata interim dictio et tessellis pluricoloribus variegata delicatiores hos capiet volsos et punicatos, ne conflatis utrinque vocibus et aequali vel plausu vel sibilo aut ad caelum efferar aut ad humum deiciar ». In conclusione mi sembra che il giudizio di Francesco Pucci, discepolo del Poliziano, definisca meglio di ogni altro questo stile a mosaico, tutto fiorettato, che non cessa di avere però gran sapore latino: « de ornatu illo, scrive egli al maestro, et lepore nitidissimae orationis quid dicam? quae vario quodam et prope vermiculato intertextu lasciviens omnesque verborum flosculos captans, candorem tamen ubique latinitatis et quasi pudicitiam praefert » (2).

E ora vengo alla questione tra il Poliziano e il Cortesi, la prima vera battaglia del ciceronianismo. Il Cortesi avea fatto una raccolta di lettere di vari dotti, che mandò al Poliziano, con cui stava in ottima relazione allora, perchè ne giudicasse se fosse degna di essere pubblicata. Il Poliziano lasciò passare parecchio tempo prima di rispondergli e, quando gli rispose, lo fece con una certa mal dissimulata insolenza, che fa supporre fossero nati degli screzi tra lui e il Cortesi. Gli risponde secco secco che si pente d'aver perduto il tempo a leggere quella raccolta, la quale non meritava d'essere fatta dal Cortesi; e con questi complimenti muta la sua risposta in una filippica contro i ciceroniani, ch'egli chiama scimie di Cicerone in ben altro senso che il Villani diceva del Salutati. « A me pare più bella assai la faccia di un toro o di un leone, che quella di una scimia, quantunque così rassomigliante all'uomo ».

---

(1) Crinit., *De honesta disciplina*, II, 13.
(2) Politian., *Epist.*, lib. VI, p. 163.

E seguita esponendo quale sia il vero principio dell'imitazione: « Quelli che compongono solo per imitazione mi sembrano altrettanti pappagalli o gazze, che ripetono parole che non intendono. Gli scritti di costoro mancano di nervi e di vita, mancano di movimento, mancano di sentimento, mancano di ogni impronta originale, sono supini, dormono, ronfano. Non vi è verità, non sostanza, non efficacia. Mi dice taluno che io non ritraggo Cicerone: e che perciò? io non sono Cicerone, ma io, credo, ritraggo me stesso: me tamen, ut opinor, exprimo. Vi sono poi di quelli che vanno mendicando lo stile come il pane a tozzo a tozzo, campando la vita non dico d'oggi in domani, ma oggi per oggi; e se non hanno sempre davanti il libro, da cui togliere, non sanno mettere insieme tre parole, e anche queste mal cucite o contaminate di barbarismi. Lo stile di questi tali è sempre tentennante, barcollante, incerto, mal preparato e mal digerito; e io non li posso assolutamente soffrire, quando li sento far la critica insolentemente ai dotti, a quelli intendo il cui stile esce dalla lunga fermentazione di una erudizione profonda, di una svariata lettura e d'un continuato esercizio. Se vuoi pertanto giovarti dell'imitazione, leggi pure Cicerone e gli altri, ma leggili molto e a lungo, abbili sempre in mano, imparali, smaltiscili, forinisciti la mente di una buona suppellettile di cognizioni e allora, quando ti preparerai a scrivere, nuota senza sughero, come dice il proverbio, e prendi consiglio da te stesso e lascia quella pedantesca e affannosa preoccupazione di scimiottar Cicerone: metti a prova insomma tutte le tue forze. Poichè quelli che stanno estatici a contemplare codesti lineamenti, come voi li chiamate e che per me sono ridicoli, non sanno poi riprodurli convenientemente e ritardano lo slancio del proprio ingegno (1) ». Il principio stilistico del Poliziano è su per giù quello stesso del Petrarca, che lo stile è l'uomo, e si può compendiare in queste sue parole: « non exprimis, inquit aliquis, Ciceronem: quid tum? non enim sum Cicero; *me* tamen, ut opinor, *exprimo* ».

---

(1) Politian., *Epist.*, VIII, 16.

La replica del Cortesi non manca di tradire un certo risentimento, ma conserva sempre una tal quale severa correttezza, veramente ciceroniana. Egli dichiara che, nella condizione in cui si trovava l'eloquenza al tempo suo, era necessaria l'imitazione e il modello più perfetto da seguire essere Cicerone. Imitarlo dunque, ma non come la scimia l'uomo, bensì come un figlio il padre; quella riproduce le sole deformità e sconcezze, questi, mentre ritrae del padre il volto, il portamento, la voce, ha pure qualche cosa di suo: aliquid suum, aliquid naturale, aliquid diversum; messi a confronto, sembrano dissimili. Ma Cicerone non è così facile, come pare; riproducono la sua abbondanza, la sua spontaneità, ma i nervi, gli aculei mancano e allora sono a mille miglia da Cicerone. Onde quello che mi potrai rimproverare è di non saperlo imitare, ma non per questo mi avrai dimostrato che io non devo imitarlo: meglio seguace e scimia di Cicerone, che scolaro e figlio d'altri: ego malo esse assecla et simia Ciceronis, quam alumnus et filius aliorum. — « Del resto, seguita il Cortesi, un autore, pur che sia, bisogna imitarlo; l'imitazione è legge naturale. Coloro che non vogliono imitar nessuno e ottener fama senza ritrarre nulla da chicchessia, mancano nello scrivere di robustezza e di forza; e quelli stessi che dànno a credere di fare assegnamento sulle sole forze del proprio ingegno, non possono a meno di non trarre idee e concetti dai libri altrui e infarcirne i propri, di che nasce un genere difettoso di scrivere, giacchè ora sono rozzi e sozzi, ora lindi ed eleganti e rendono imagine di un campo, dove siano seminate sementi diverse e tra loro nemiche. Poichè non può essere che cibi troppo diversi non si digeriscano male e che non avvenga collisione fra parole tanto differenti. E che buona impressione poi possono mai fare quelle parole di significato ambiguo, quei vocaboli sghembi, quei concetti stentati, quella scabrosa struttura, quei traslati audaci e mal trovati, quelle ricercate spezzature di periodo? Questo accade appunto a chi prende un concetto di qua, una parola di là, senza imitar costantemente nessuno. Lo stile di costoro mi rassomiglia ad una bottega di ebrei » (1).

---

(1) Politian., *Epist.*, VIII, 17.

Quest' ultima è un' allusione abbastanza acre allo stile a mosaico del Poliziano; ma la parte più originale e più arguta di questa lettera del Cortesi è l' esordio, il quale è tutto una acutissima satira, una finissima caricatura dell' esordio del Poliziano. Meritano i due esordi di essere attentamente esaminati.

Esordio del Poliziano: « *Remitto* epistulas diligentia tua collectas, in quibus legendis, ut libere dicam, pudet *et* bonas horas male collocasse; nam *et* praeter *omnino paucas*, minime dignae *sunt* quae vel a *docto aliquo* lectae vel a te collectae dicantur. Quas probem, quas rursus improbem, non explico; nolo sibi quisquam vel placeat in his auctore me vel displiceat ».

Esordio del Cortesi: « Nihil unquam mihi tam praeter opinionem meam accidit, quam *redditus* a te liber epistularum nostrarum. Putabam enim illum tibi in tantis occupationibus excidisse. Nunc autem lectis tuis litteris video illum non modo a te gustatum, sed etiam plane devoratum, cum *et* scripseris puduisse *te* in eo legendo bonas horas male collocasse *et* eas ipsas minime tibi dignas *videri* quae vel ab *aliquo docto* lectae vel a me collectae *fuisse* dicantur, praeter nescio quas hominum *perpaucorum*. Ego autem totum istud *tibi remitto* nec plane iudicium meum interponam, cum nefas sit quodammodo a te dissentire et ego is sim qui de altero iudicium facere, *ut ait M. Tullius, nec velim si possim, nec possim si velim* ».

Primieramente nel tuono di tutto l' esordio del Cortesi ci è una spiritosa replica al contegno sprezzante del Poliziano, con cui fanno contrasto quelle espressioni di ironico stupore: *nihil unquam mihi tam praeter opinionem* etc.; *non modo gustatum, sed devoratum* etc.; e queste altre di ironica modestia: *cum nefas sit quodammodo a te dissentire* etc. Poi quella frase copiata da Cicerone *nec velim si possim* etc. con quell'aggiunta *ut ait M. Tullius*, messa lì proprio nella risposta ad una lettera in cui si faceva la critica dei ciceroniani, sono una vera canzonatura; come canzonatura è anche il modesto *minime dignas videri* opposto all' assoluto *minime dignae sunt* del Poliziano.

In secondo luogo l'esordio del Cortesi ha l'aria di essere, anzi è una lezione di grammatica e di stilistica all'esordio del Poliziano. Al *remitto* del Poliziano il Cortesi sostituisce giustamente un *redditus*, riservandosi poi di rimbeccarglielo con l'altro *totum istud tibi remitto*. L'anafora esatta dei due *et scripseris puduisse et eas ipsas minime videri* è una satira ai due *pudet et bonas... nam et praeter* usati negligentemente dal Poliziano. Il Cortesi mette il *te* come soggetto dell'infinito *collocasse* e il *fuisse* come complemento di *dicantur*, due omissioni che si notano nel Poliziano, a cui il Cortesi finalmente muta *omnino paucas* in *perpaucorum* e *docto aliquo* in *aliquo docto*. — Sarei curioso di sapere perchè il Poliziano, pur tanto arguto quando voleva, non abbia rimbeccato questa prova di stile e di spirito veramente, bisogna dirlo, ciceroniani.

La contesa fra il Cortesi e il Poliziano ha fatto gran romore nella classe degli umanisti e fu diversamente giudicata, secondo le diverse scuole stilistiche. Il Bembo, ardente ciceroniano, plaudì molto alla lettera del Cortesi, bella, arguta e nel medesimo tempo seria: « Paulli Cortesii epistulam bellam illam quidem et cum argutulam tum etiam gravem »..... — Il Bembo aggiunge che il Cortesi annientò la leggerezza del Poliziano, dotto ed elevato ingegno, ma poco prudente, il quale accorgendosi di non potere assolutamente conseguire, nè avendola infatti conseguita nemmeno da lontano, la perfezione dello stile di Cicerone, si rivolse a condannare quelli che lo ritraevano e che in qualunque modo adoperavano uno stile d'imitazione (1). Quanto sfavorevolmente il Bembo giudicò del Poliziano, altrettanto favorevolmente Erasmo, il quale, esaminato il contenuto delle due lettere, dice quella del Poliziano esser veramente ciceroniana, elegante ed efficace nella sua brevità; quella del Cortesi prolissa e tutt'altro che ciceroniana. « Il Cortesi, scrive Erasmo, cade in contraddizione, dicendo prima che egli vorrebbe rassomigliare a Cicerone non come una scimia all'uomo, ma come un figlio al padre, e

(1) *Risposta a Franc. Pico: Opera*, Venetiis 1729.

poi che vorrebbe essere scimia di Cicerone, anzichè figlio d'altri. Inoltre il Cortesi divaga dal vero argomento; o era del parere del Poliziano e perchè gli risponde come se gli fosse contrario? o non era del parere del Poliziano e perchè non lo confutò? » Conchiude che il Poliziano non rispose perchè quella lettera non avea nulla che fare con la disputa: « cui velut aliena loquenti nihil respondit Politianus » (1).

Riempie del suo stile elegante, fluido e armonioso la seconda metà del secolo decimoquinto il Pontano. Non ha le sgrammaticature e le costruzioni arbitrarie di Poggio, ma si riserva una certa libertà di foggiare il periodo latino; non è ciceroniano e scelto come il Cortesi, ma immensamente più vivace ed efficace; è eclettico come il Poliziano, ma schiva quei vocaboli strani, che dànno troppa affettazione allo stile. « Io potrei trovare, dice Erasmo, a centinaia le parole non ciceroniane nel Pontano, ma il suo scrivere mi rapisce con quella placida cadenza; mi solletica le orecchie quel soave armonizzar delle parole; mi abbaglia quello spendore e quella maestà di stile ». Stupendo giudizio, che non si può riprodurre meglio che con le sue parole: « me rapit tacito quodam orationis lapsu; verborum dulce quiddam resonantium amoeno tinnitu permulcet aures; demum splendore quodam perstringit dignitas ac maiestas orationis » (2). Non diversamente lo giudica il suo grande ammiratore Francesco Florido, il quale rimprovera ad Erasmo d'aver per poco misurato il Pontano alla stregua di Cicerone, perchè il Pontano « ha uno stile tutto suo proprio, che procede misurato, tranquillo e puro, ma che di quando in quando s'eleva ad un'altezza che è ad altri impossibile toccare » (3).

Una forma di stile singolare e strana è quella del vecchio Beroaldo, il quale è più degno di essere un contemporaneo di Appuleio e di Fulgenzio, che del Pontano e del Poliziano.

---

(1) *Dialog. ciceron.*

(2) *Dialog. ciceron.*

(3) Florid., *Lectiones succisivae*, III, 6.

Eppure quello stile non è nato così all'improvviso dalla bizzarra fantasia del Beroaldo, ma è un troppo rigoglioso sviluppo d'un germe che già si trova nello stile del Poliziano. I *portenta verborum*, di cui io ho recato un saggio veramente singolare, traendolo dalla prefazione alle *Miscellanee* e che furono tanto giustamente rimproverati al Poliziano, divennero il pane quotidiano del Beroaldo. Il male gli fu attaccato dall'autore stesso del male, cioè Appuleio, col quale egli, commentandolo, si famigliarizzò al segno, da diventare l'Appuleio moderno. Quello è uno stile convulsivo, di colorito africano, come lo scrittore che lo creò, delizia di una società degenere, che non gustando più il bello naturale, si pasce del bello affettato e di stranezze: espressione manierata e pomposa; periodare rimbombante e sbocconcellato, sminuzzolato; sciupio di epiteti esornativi; antitesi e allitterazioni stuzzicanti; spreco di metafore esagerate; pleonasmi per tutto; frasi accattate, parole rare e ignote, composizioni di vocaboli strane ed oscure. E tale è appunto lo stile del Beroaldo; zeppo di nomi astratti, di aggettivi formati da quei nomi, di vocaboli greci latinizzati, di antitesi strane e contorte; d'onde quell'oscurità che i contemporanei gli rimproveravano. Ma egli pare stupito di quei rimproveri, perchè il suo modo di scrivere sembra a lui il più naturale del mondo. « Io scrivo per i dotti, rispondeva egli, e non per il volgo e prendo i miei vocaboli tutti da *latinissimi* scrittori » (1); latinissimi scrittori erano per lui tutti gli autori da Plauto a Boezio, compresi i padri della chiesa e i traduttori della bibbia. I letterati del suo tempo stuzzicati dalla novità applaudirono, ma i critici dell'età seguente furono scandolezzati di quell'intemperanza di stile. Il Giovio dice: « quaerebat rancidae vetustatis vocabula iam plane repudiata a sanis scriptoribus » (2). Il Florido poi fa del Beroaldo una sanguinosa caratteristica, rimproverandolo di avere appestato il mondo col suo stile e domandando che si facesse una legge speciale per impedire

---

(1) BEROAL., *Orationes et Carmina:* Brixiae 1497; lettera al Calchi.

(2) *Elogia*, 51.

la pubblicazione e la lettura delle sue opere, che con una parola molto energica egli chiama *cacationes* (1).

Io voglio dare un saggio di questo stile. Non parlo di vocaboli inventati, come *secretarius, galleria, sclopus, girandola*, di cui si trova nei suoi scritti un' abbondante raccolta; non di parole rare, come *innominabilis, ultramundanus, egestosus, sequestratus, auricularius;* non di parole greche latinizzate, come *mythicon, historicon.* Ecco alcune delle sue metafore e personificazioni: « vellem mihi a diis immortalibus dari fluvium Tullianae eloquentiae et torrentem Demosthenis facundiam »; — « si coepero de prudentia tua singulari praedicare, occurret iustitia, quae postponi gemebunda dolebit; si dixero de fortitudine, tristabitur temperantia; si laudavero liberalitatem, frugalitas ipsa se contemni existimabit; si clementiam extulero, severitas indignabitur »; — « fulminibus fortunae impotentis semiustulatus ». Ma più di tutto apparisce questo modo di scrivere dall'esame di un periodo intero. Eccone uno: « *qui* (amor) ventis requiem, *qui* mari tranquillitatem (largitur); *qui* elementa societate conglutinat, *qui* cunctas animantes familiaritate conciliat; *benevolentiae* largitor, *malevolentiae* exterminator. *Et quemadmodum* coniungi non potest amaritudo *cum* dulcedine, caligo *cum* lumine, pluvia *cum* serenitate, pugna *cum* pace, *cum* fecunditate sterilitas, *cum* tranquillitate tempestas, ita *cum* amore odium, invidia, malevolentia copulari non possunt; *et quemadmodum* radius *a* sole, calor *ab* igne, rigor *a* glacie, candor *a* nive nequeunt separari, ita ab amore divelli non possunt benevolentia, societas, necessitudo, concordia; hic est enim amabilissimus amicitiae nodus princepsque ad benevolentiam conglutinandam, unde ab amore amicitiam nuncupatam esse sapienter tradiderunt. *Quod* est in navigio gubernator, *quod* in civitate magistratus, *quod* in mundo sol, hoc inter mortales est amor. Navigium *sine* gubernatore labascit, civitas *sine* magistratu periclitatur, mundus *sine* sole tenebricosus efficitur et mortalium *vita* sine amore *vitalis* non est: tolle ex hominibus amorem, solem e mundo

---

(1) *Lectiones succisivae*, pp. 216-231.

sustulisse videberis ». — Abuso di astratti, personificazioni, sciupìo di sinonimia, concettosità, anafore e chiasmi, ora soli ora intrecciati, paronomasie, antitesi, giochi di parole: ecco tutto.

Più in là del Beroaldo andò il suo scolaro e imitatore Battista Pio. Ecco un saggio del suo stile e credo che valga più di qualunque commento: « Fissiculanti mihi et per horarum minutias acerrime vestiganti, quidnam sit forte fortuna in hac labida et morbili ne dicam morbonia et nosocomio mortalitatis nobile, regium, consummatum et absolutum, subit id sapientis apophthegma et bracteatus adagio, illum esse nimirum hominem, qui rerum caducarum et subcisivarum principatum sceptrumque retinet ». Questo passo è citato dal Florido (1), il quale fa un'acre invettiva contro il Pio, di cui dice molto vivacemente che nella immondezza dello stile superò il maestro (2). Anche il Giovio è assai severo col Pio, che scioccamente imitando il maestro Beroaldo andava a caccia in Fulgenzio, Sidonio, Plauto, Valerio Flacco, con una passione da matto, dei vocaboli più rancidi che trovasse; lo ammirava la stolta turba degli scolari, mentre chi aveva fior di senno se ne rideva. E sèguita raccontando il Giovio che quelle mostruosità di parole e di locuzioni messe in giro da belli spiriti entrarono anche nella scena, e infatti fu da costoro composta una comedia, che è stampata, nella quale si introduce il Pio a parlare con quel suo gergo, intanto che il grammatico Prisciano lo rimprovera e denudategli le natiche, lo batte con lo scudiscio, come si fa ai ragazzi che imparano male la lezione. Ma il Pio tranquillo della sua coscienza non si curava di quelle caricature: « Pius quadrato ingenio eas nasutorum rumores contempsit, sua conscientia profecto felix » (3).

---

(1) *Apologia*, p. 118.

(2) *Lectiones succis.*, pp. 234-238.

(3) Iovius. *Elogia*, 102.

SECONDA BATTAGLIA.

(P. Bembo, G. F. Pico, P. Manuzio, G. Poggiani).

Moderata come la prima fu anche la seconda battaglia, combattuta tra il Bembo e Gianfrancesco Pico della Mirandola. Il Pico quale alunno del Poliziano era eclettico, il Bembo ciceroniano, anzi uno dei più eleganti, dei più perfetti ciceroniani. In Roma nel 1512 essi aveano agitata a voce la questione dell'imitazione e il Pico in seguito alla discussione ne scrisse una lettera al Bembo, con la data del 19 settembre 1512, ch' egli compose in poche ore. Il Pico mostra che l'uomo non deve solamente e unicamente imitare; l'imitazione gli potrà essere un aiuto a sviluppare le sue facoltà personali, ma a queste sopra ogni cosa egli dee tener la mira; e anche imitando, non bisogna limitarsi ad un solo, ma trarre da tutti il meglio, come fa il pittore. Chi dice che Cicerone sia proprio perfetto in tutto? ciò è impossibile e gli antichi stessi trovavano molto da biasimare in lui; e d'altra parte i manoscritti sono tanto guasti, che sarebbe pazzia pretendere che ci fosse arrivato genuino Cicerone nelle sue opere. Io mi meraviglio, continua il Pico, che al tempo nostro si voglia star tanto attaccati agli antichi; eppure ingegni non ne mancano. Perchè non sviluppano essi le loro facoltà mentali secondo lo spirito dei nuovi tempi? Ogni età ha i suoi bisogni, i suoi sentimenti; a quelli deve servire, quelli esprimere. E poi variano gli argomenti; come si potrà adattare la lingua e lo stile di un solo autore a tanta varietà? Io voglio ammettere che si imiti Cicerone; si imiteranno le sue parole, ma la viva struttura di esse giammai; pròvati a disfare un muro e a rifarlo poi coi medesimi materiali; i materiali restano i medesimi, ma la cementatura sarà diversa e quella è opera tua; dunque anche imitando si può e si deve riuscir originali (1).

---

(1) I. Franc. Picus, *ad P. Bembum, de imitatione.*

La risposta del Bembo, in data 1 gennaio 1513, comprende due parti. Nella prima ribatte il sistema del Pico, mostrandogli che quella facoltà innata da lui ammessa nell'uomo non esiste e si acquista invece con l'imitazione; io, dice egli, me la sono acquistata col lungo esercizio e con l'imitare. Tu mi dici, continua il Bembo, che si devono, se mai, imitare tutti i buoni. Ma come? domando io. Imitarne lo stile in generale o desumere il meglio da ciascuno? Nel primo caso con tante diverse specie di stili non arriverai mai a formarti uno stile che abbia unità. Nel secondo caso non si imita, ma si mendica un tozzo di qua, un tozzo di là. Perchè quando si dice imitare, si intende che bisogna comprendere tutto il complesso della forma e le singole parti: « imitatio totam complectitur scriptionis formam, singulas eius partes assequi postulat, in universa stili structura atque corpore versatur ». Se io imito Sallustio, non mi devo contentare di riprodurre la sua brevità, ma anche le sue parole, le sue costruzioni. Imitare un autore vuol dire rendere la sua fisionomia, il colorito individuale: « totam mihi oportet eius stili faciem exprimat, cuius se imitatorem dici vult, quem eo nomine dignum putem ». Ogni autore ha un suo special colorito: oggi io imito Cesare; s'intende che devo assimilarmi la sua natura; come potrò io domani spogliarmela d'un tratto, per rivestire il mio stile, poniamo, del colorito di Sallustio? Questo è impossibile; impossibile è dunque imitare più di un solo autore. Chi fa diversamente, riesce ad uno stile proteiforme e tutt'altro che bello.

Nella seconda parte, non meno caratteristica e importante della prima, il Bembo spiega la genesi del suo criterio d'imitazione. Da prima, egli scrive, ebbi anch'io la tua opinione e mi provai di scegliere da tutti gli autori il meglio, ma ben presto m'accorsi della falsità di questo principio. In secondo luogo imaginai di formarmi uno stile tutto mio proprio, personale, pensando che l'originalità del tentativo avrebbe riscossi gli applausi de' dotti; ma messomi alla prova, vidi che nessuna forma di stile poteva esser nuova, giacchè qual più qual meno tutte erano state esaurite dagli antichi; e poi il mio stile, posto a confronto con quello degli antichi, ci perdeva assai in colorito. Allora risolvetti di appigliarmi all'imitazione; ma da quali autori cominciare? dai sommi o dai mediocri? mi decisi per i mediocri, con la speranza ch'essi mi avrebbero avvicinato un po' più ai sommi. Ma qual non fu la mia delusione, quando dai mediocri passai ai sommi. Io aveva già contratta la natura di quelli, sì che invece di essermi avvicinato ai sommi, me ne ero allontanato. Allora feci ogni sforzo per cancellare quanto di quelle letture m'era rimasto nella memoria: « e memoria nostra deletis penitus iis, quae alte tunc imitatione non optimorum insederant », mi volsi all'imitazione dei sommi e di questi scelsi un solo, Cicerone. — Accusano Cicerone di soverchia verbosità, specialmente quando parla di sè; ma questo non è difetto di stile, bensì debolezza d'animo; debolezza felice del resto, perchè tutte le volte ch' egli torna a parlar di sè, lo fa con tanta eleganza. Lo dicono inoltre carattere incostante, ma nulla da ciò ne soffre lo stile, « qui esse optimus in vita non optima potest ». Nè si obbietti che Cicerone non è adatto a tutti gli argomenti, perchè nelle varie sue opere si trova una grande varietà di stile. Del resto la stessa storia naturale di Plinio si potrebbe scrivere in stile ciceroniano e la estensione maggiore che acquisterebbe sarebbe ad usura compensata dalla dignità e bellezza della locuzione (1). — Il Bembo nella sua lettera formula queste tre leggi dell'imitazione: 1ª si imitino gli ottimi; 2ª si imitino da eguagliarli; 3ª eguagliatili, cerchiamo di superarli.

Quello che è curioso nella lettera del Bembo, è l'esposizione dei vari tentativi fatti prima di giungere ad un criterio definitivo d'imitazione. E per l'analogia che ha col Bembo e per la sua singolarità voglio qui recare anche l'esempio di Paolo Manuzio, il quale così spiega la genesi e la natura del suo criterio imitativo. Nel discorso, egli dice, bisogna distinguere l'*idea* e la *parola;* come mi conteneva io in sul principio? pigliavo dagli autori latini le idee con le loro frasi corrispondenti e le inserivo tali e quali nei miei scritti. Ma mi accorsi che era sistema erroneo; era un gioco di memoria; e quando

---

(1) P. Bembus, *ad Ioh. Francisc. Picum, de imitatione.*

mi fossi posto a comporre di mio, non sarei riuscito a nulla. Mutai allora indirizzo ed ecco come praticai. Pigliavo da Cicerone e da Terenzio le *idee* e le ruminavo nella mia mente, cercando di impadronirmene e quindi di vestirle di forma appropriata ed eletta, non però con parole del testo, bensì con parole mie: quelle *idee* per tal guisa acquistavano una certa originalità. Pigliavo dall'altra parte le *parole* di quei due autori e, cercando le molteplici significazioni traslate di esse, mi sforzavo di esprimere con le medesime parole idee differenti e anche in questo io faceva un lavoro originale. Tutto quello che io sono, conchiude il Manuzio, lo devo a un simile sistema (1).

Il metodo del Manuzio è quello stesso del ciceroniano Giulio Poggiani, il quale reca anche per maggior chiarezza alcuni esempi. Il Poggiani dopo di aver detto che i veri ciceroniani sono assai pochi per due ragioni, la prima che imitano, oltre a Cicerone, autori di bassa lega, la seconda che non lo sanno imitare, perchè trasportano di pianta le sue idee e le sue frasi nei propri scritti, passa a spiegare il suo metodo, ch'egli raccomanda agli studiosi. Essere intanto una idea falsa il credere che non si possano trattare se non gli argomenti trattati da Cicerone: ma doversi invece potere le parole di lui adattare a qualsiasi ordine di idee e vestire le proprie idee con parole diverse dalle sue. Dall'una parte, continua il Poggiani, capitandomi sott'occhio una locuzione di Cicerone, cercavo di vestire con quella differenti altre idee, p. es. Cicerone dice: « *Publii Rutilii* adulescentiam ad opinionem et *innocentiae* et *iuris scientiae P. Scaevolae* commendavit *domus* ». Io applicava la frase ad altra cosa in questo modo: « *Hannibalis Minalis* adulescentiam ad opinionem et *eloquentiae* et *philosophiae Flaminii Nobilii consuetudo* commendavit ». Dall'altra parte pigliavo o da Cicerone o da altri le sentenze, esercitandomi a porle sotto differente forma; mentre perciò prima con la medesima cera foggiavo diverse imagini, ora

(1) *Lettere inedite* di P. MANUZIO, *Archivio veneto*, XXIII; II, lettera 3ª.

vestivo di un altro abito la medesima persona. P. es. trovando *ne quid nimis; late patet invidia,* io traduceva: *tenendus est omnium rerum modus; nihil non occupat invidia.* Così mutando le parole si fanno creder proprie le sentenze tolte agli altri, secondo il costume dei ladri, i quali perchè non vengano riconosciute le cose rubate, le rimutano, facendo, p. es., di una giubba un calzone. Altre volte io mi esercitava a voltar nel senso contrario le parole e le frasi di Cicerone: egli diceva *in laetitia doleo* ed io *in dolore laetor;* egli *tardius facere* ed io *diligentius facere;* egli *celerius*, io *negligentius* (1).

PERIODO EROICO.

(D. Erasmo, C. Longolio, S. Doleto, C. Scaligero, F. Florido).

È graziosa e spiritosa quanto mai la descrizione di un viaggio che Suppazio, un interlocutore nell'*Antonius* (2) del Pontano, intraprende per le città d'Italia a cercarvi un sapiente, verso la fine del secolo XV. Si indovina alla bella prima che il sapiente non l'ha trovato; ma invece matti, stravaganti, sciocchi, corrotti per tutto. A Roma ecco che cosa gli accadde. Dedicò due giorni ai monumenti sacri e profani; il terzo giorno andò a zonzo per osservare i costumi della gente; ma incontrò ruffiani, bordellieri, tavernieri a campo dei Fiori: usurai a ponte S. Angelo; al Laterano cuochi e bettolieri; per le strade e i viottoli ubbriachi e magnoni. E fino allora l'avea passata liscia, col pericolo però di lasciare il mantello in mano di qualche meretrice o di essere schiacciato sotto le mule dei preti; quando imbattutosi in un tale, non si può tenere dallo sfogarsi e dirgli: ma qui si marcisce nell'ozio: « otio marcescunt homines ». Non l'avesse mai fatto il mal-

---

(1) Lettera di G. Poggiani in Mureti, *Orat. et Epist.* II, pp. 183-185.
(2) Lyon, 1514, pp. 213-217.

capitato. Quel tale era un grammatico, che prese a pugni il povero Suppazio, perchè i verbi uscenti in *esco* come *marcesco* non ricevono il caso ablativo. Suppazio ebbe un bel citare Cicerone, Vergilio, Plinio, ma se ne dovette fuggire malconcio. Lo vide uno che passava e gli chiese se gli avessero fatto del male. Sì, rispose, ho patito ingiuria da un grammatico: « iniuriam passus sum ». — L'interlocutore era per disgrazia anche questa volta un grammatico; e dove hai trovato, gli saltò su, la frase *iniuriam pati,* vecchio ignorante di latino? Citò Suppazio la terza *Filippica* e il *Lelio* di Cicerone: fiato sprecato, l'altro levava i pugni. E Suppazio via; e si ricoverò in provincia a Velletri, a Terracina; ma incontrò di peggio: altri grammatici anche là e così insolenti che, mentre egli parlando con un medico usò la parola *frictio,* uno lo interruppe villanamente, facendo un fracasso indiavolato, che si dovea dire *fricatio.*

Questa la caricatura; ma tale o poco meno era la società romana, e a Roma questioni più o meno oziose di grammatica, di purismo e di stile si dibatteano molto frequentemente: basti per tutte quella tra il Bembo e il Pico. Certo è che nella prima metà del secolo XVI il centro del ciceronianismo è Roma, dove l'accademia romana rappresenta la parte militante, Pietro Bembo il duce. Ciceroniano il papa Leone X, ciceroniani i suoi due famosi abbreviatori il Bembo e il Sadoleto, ciceroniani gli accademici Lelio Massimi, P. Pazzi, Battista Casali, Porcio Camillo, il Marino, il Castellani, Giulio Tomarozi, il Flaminio, l'Ubaldino. Il Bembo sarebbe giunto a dichiarare di preferire lo scrivere ciceroniano al possedere il ducato di Mantova (1), a cui faceva eco, rincarando la dose, Lazaro Bonamico, che preferiva l'essere ciceroniano all'essere re o papa. Traduceva il Bembo *senato della repubblica veneta* con *patres conscripti; duchi* e *ducati* con *reges* e *regna; re della Persia e dei Turchi* con *reges Armeniae et Thracum; Lodovico* con *Aloysius.* Nelle date delle lettere e dei brevi

(1) BURIGNY, *Leben des Erasmus aus dem französ.*, von C. Henke, Halle 1782, I, p. 548.

pontifici metteva le calende e gli idi; chiamava Dio col nome collettivo di *dii immortales;* la Vergine era per lui *dea;* Gesù un *heros;* rendeva *fides* con *persuasio; excommunicare* con *aqua et igni interdicere; morituro peccata remittere* con *deos superos manesque illi placare* (1). Un ciceroniano, per poco che non volesse derogare alla sua dignità, si teneva nel suo gabinetto una effigie di Giove che scende in braccio a Danae, anzichè un Gabriele che annunzia alla Vergine il concepimento; e così il ratto di Ganimede, anzichè l'ascensione di Cristo (2). Papi e cardinali alternavano e spesso scambiavano il Vaticano col Campidoglio; scambiavano Dio con Giove, Cristo con Apollo, Maria con Diana, i santi coi numi e dividevano una giornata fra una predica sacra e una comedia antica. Un frate ciceroniano fece una predica sulla morte di Cristo, presente papa Giulio II. Gli accessori dell'orazione, cioè l'esordio e l'epilogo, più lunghi dell'orazione stessa. L'esordio chiamava Giulio II il Giove ottimo massimo, che nella destra onnipossente tenendo e vibrando il trisulco e inevitabile fulmine, col solo cenno otteneva quel che voleva; indi seguiva l'oratore a mostrare che Giulio II col suo cenno avea operato tutto quello che era accaduto nell'Europa negli anni precedenti. Il discorso si divideva in due parti: la morte e il trionfo di Cristo. L'oratore nel parlar della morte tirò in campo il sacrifizio dei Deci, di Curzio, di Cecrope, di Ifigenia e le morti di Socrate e di Focione; il trionfo poi di Cristo era illustrato da quelli di Scipione, di Emilio Paolo, di Cesare (3).

Questa società ciceroniana spensierata e deliziata nelle bellezze d'una vita e d'un'arte tutta pagana fu messa a romore per ben due volte da due stranieri, l'uno ammiratore entusiastico, l'altro avversario giurato del ciceronianismo: il Longolio ed Erasmo.

Cristoforo Longueil, latinizzato Longolius, ingegno precoce, spirito irrequieto, anima passionata e infelice, è il cavaliere

---

(1) Lenient, p. 12; Walch, *Op. cit.*, XII. 3.

(2) Erasmus, *Dialogus cicer.*, p. 82.

(3) *Ibi*, p. 67

errante del ciceronianismo. Nato a Maclinia, nel Belgio, e vissuto poco più d'un decennio nel secolo XV, e gli altri due decenni nel XVI, egli si sentì irresistibilmente attratto alla Italia, allora esuberante di una vita intellettuale invidiata e sospirata dagli stranieri. La sospirò tanto Erasmo e la sospirò ardentemente il Longolio, il cui sogno era il genio d'Italia: « felicem illum ac plane divinum genium Italiae sum secutus » (1). Ma quante peripezie non dovette egli traversare prima d'arrivarvi. A otto anni fu mandato agli studi a Parigi, dove rimase fino all'anno sedicesimo. Indi accompagnò in Spagna Filippo d'Austria per pochi mesi, dopo i quali si fermò nell'Aquitania a studiar diritto; ivi a 18 anni compose per esercizio rettorico un'orazione, che poi gli fu fatale, dove confrontando i Galli coi Romani dava la palma ai Galli. Continuò poi per altri sei anni gli studi giuridici a Valenza; esercitò quindi due anni l'avvocatura a Parigi. Finalmente venne a Roma, d'onde, dopo tre anni di soggiorno, fuggì per ricoverarsi oltre Alpe e finalmente a Padova, ove finì, nel 1522, la sua vita a 34 anni nelle braccia di Reginaldo Polo, che l'amava come un fratello (2). Scrisse di storia naturale, orazioni contro i luterani, discorsi ed epistole ciceroniane; fu soldato, venne carcerato, ebbe a combattere coi doganieri svizzeri, fu ingiuriato e corse pericolo della vita a Roma e a Padova: la sua vita è una delle più avventurose che si possano imaginare. Questa irrequietezza che lo tormentava era cagionata da una invincibile smania di imparare, ch'egli sperava finalmente di poter appagare a Roma, dove avrebbe studiato il greco e perfezionato il suo stile latino. Infatti il Giovio ce lo descrive entrare in Roma in abito straniero, col cappuccio rosso e la tunica stretta alla vita, che aveva l'aria di un mezzo soldato tedesco. Era sua intenzione, dice il Giovio, di dissimulare sotto quell'abito il suo vero scopo: voleva ammirare i monumenti, studiare gli ingegni italiani, visitare le

---

(1) Lettera del Longolio in SADOLET., *Epist.*, 18.

(2) LONGOLIUS, *Orationes*, I, pp. 10-11; cfr. la vita del Longolio ivi premessa.

biblioteche e formarsi più squisito il gusto artistico e letterario, che in nessun luogo si trovava così fino come in Roma (1). Ma appena entrato nel ginnasio cominciò a dar saggio del suo acuto ingegno e delle sue cognizioni; e alcuni romani, il Tomarozi e il Castellani, si presero cura di lui, gli fecero mutar veste e lo alloggiarono in casa propria. In questo modo il Longolio potè farsi conoscere ed entrare in domestichezza coi principali personaggi di Roma, fra i quali lo stesso papa Leone X, il Sadoleto e il Bembo; ma più di tutti col Bembo, che gli fu protettore e consigliere negli studi. Infatti dietro le esortazioni del Bembo il Longolio depose a poco a poco quella sua primitiva forma eclettica e si venne famigliarizzando con Cicerone, di cui lesse per cinque anni continuamente i libri, senza occuparsi di altri autori. Dopo quattr'anni di esercizio ciceroniano il Longolio domandava al suo protettore, che cosa gli paresse del suo stile, e il Bembo gli rispondeva che il progresso era stato molto, ma che alla perfezione ci correva ancora un buon tratto: « ut Ciceronem ipsum, quem tibi unum scribendi magistrum, *me auctore*, proposuisti, eundem universum non solum vores sed etiam concoquas atque in sucum et in sanguinem convertas tuum » (2). Il Longolio per varie cagioni attirava le simpatie altrui: integrità di costumi, lontananza dalla patria, ingegno acuto e vivace, una eroica costanza nello studio; ce n'era d'avanzo perchè spiriti colti e gentili come il Bembo e il Sadoleto prendessero interesse di lui (3). Il Bembo era specialmente ammirato della sua avidità di leggere, per cui lo chiamava divoratore di libri, *librorum helluo* (4). Passati già due anni che dimorava in Roma, a cui avea mostrato la propria gratitudine componendo cinque discorsi in lode e di Roma e d'Italia, il suo amico Castellani lo propose al senato per la cittadinanza romana, che gli fu conceduta. Ma questo atto fu fatale a lui, perchè gli sollevò contro parte dei cittadini.

---

(1) Iovius, *Elogia*, 67.
(2) P. Bemb., *Epist. famil.*, V, 17.
(3) *Ibi*, V, 13; cfr. Sadol., *Epist.*, 15.
(4) P. Bemb. *Epist. famil.*, V, 13.

I nemici del Longolio cercarono o al bisogno inventarono calunnie e accuse per negargli la cittadinanza romana. Dissero ch'egli era stato mandato a Roma da Erasmo e dal Budeo, con l'incarico di prender tutti i libri che si trovassero in Roma e portarli oltr'Alpe (1). Scovarono perfino quella tale orazione che recitò quando era nell'Aquitania e nella quale posponeva i Romani ai Galli e gliene fecero un delitto di lesa maestà; e tanto fu il tumulto sollevatogli contro, che la sua vita, non ostante le alte protezioni ch'egli vi godeva, correa pericolo; « pagavano gli operai, dice il Longolio stesso, perchè mi insultassero e mi aizzavano contro la plebe. Io era esposto ai fischi del volgo, perseguitato dalle calunnie dei nobili, dalle minacce dei potenti, cosicchè io dovetti seriamente pensare a ricoverarmi da Roma in salvo » (2). E fuggì infatti da Roma, dopo di aver composto due orazioni in sua difesa, che lasciò manoscritte agli amici suoi. In esse l'autore, fingendole recitate davanti al senato e parlando come se veramente si fosse trovato ne' panni di Cicerone quando recitava una Filippica, si difende con uno stile ciceroniano e con un'enfasi, che è tutta di fantasia e per nulla eccitata da circostanze reali, dai quattro capi di accusa seguenti: 1° il Longolio in una sua orazione aveva parlato con poco onore dell'Italia; 2° avea lodato Erasmo e Budeo che sono barbari; 3° quei due stranieri lo aveano subornato a venire in Italia a prendersi i migliori libri per portarli oltr'Alpe, acciocchè i barbari potessero contendere all'Italia il primato delle lettere; 4° un uomo barbaro non poteva essere cittadino romano.

Questi capi d'accusa erano sviluppati nel discorso tenuto da Celso Mellini contro il Longolio, quando egli era già fuggito da Roma. Celso era un nobile romano, delle antiche famiglie patrizie, il quale fu messo su dagli amici perchè difendesse l'onor della patria minacciato, come dicevano, da uno straniero: « ut patriae suae dignitati et famae adesset ». Nel Campidoglio dunque alla presenza del senato e del papa il Mellini

---

(1) Longolius, *Orationes*, II, p. 33.

(2) *Ibi*, I. p. 12; II, p. 40. Cfr. Bemb., *Epist. famil.*, V, 16.

lesse la sua orazione, la quale fu molto applaudita e della quale Roma fece il tema dei giornalieri discorsi per qualche tempo. Ma la gente savia dava ragione al Longolio, i cui amici pensavano il modo di salvare la sua causa, e il Flaminio propose che si recitassero le due orazioni di difesa scritte dal Longolio, ma prevalse invece l'opinione di farle stampare; e furono infatti stampate, con generale vantaggio dell'autore, le cui qualità letterarie furono dal pubblico favorevolmente apprezzate dopo la lettura delle due orazioni (1). In seguito furono nuovamente avviate le pratiche per conferire la cittadinanza al Longolio, a cui finalmente il senato la confermò.

Questi tumulti avvenivano in Roma nel 1519. Il Longolio intanto viaggiava per la Brettagna e passando da Genova e arrivando a Lione intese parlare dei fatti di Roma dopo la sua partenza, dei quali egli era ancora all'oscuro. In Inghilterra amici e parenti lo sconsigliarono dal tornare in Italia, dove avrebbe nuovamente corso pericolo di vita; ma il suo astro oramai era quello e non potè resistere alla tentazione di seguire nuovamente il *genio d'Italia* e vi tornò in sul finire dello stesso anno (2). Si fermò l'inverno a Venezia presso il Bembo (3) e di là passò a Padova, dove attese a perfezionarsi negli studi e specialmente nello stile ciceroniano (4). Gli fu proposta nel principio del 1520 la cattedra di letteratura a Firenze (5), ch'egli rifiutò, adducendo per pretesto che non voleva distrarsi nell'insegnamento, al quale si sentiva poco chiamato, e dovea badare più assiduamente ai suoi studi (6). A Padova, fra i disagi di una vita stentata (7) e i timori di nuove minacce da parte de' suoi nemici (8), visse tre anni

---

(1) Sadolet., *Epist.* 13; e lettera del Longolio, *ibi*, 18.

(2) *Ibi*, 14; e lettera del Longolio, *ibi*, 18.

(3) P. Bemb., *Epist. famil.*, V, 13.

(4) P. Bemb., *Epist. pontif.*, XVI, 30.

(5) P. Bemb., *Epist. famil.*, V, 15; Sadolet., *Epist.* 17.

(6) Lettera del Longolio in Sadolet., *Epist.*, 18.

(7) Bemb., *Epist. pontif.*, XVI, 30; *Epist. fam.*, V, 14; Sadol., *Epist.* 27: lettere del Longolio in Sadol., *Epistol.* 23 e 24.

(8) Bemb., *Epist. fam.*, V, 16.

scarsi, raccomandando in morte agli amici di bruciare i suoi scritti anteriori, perchè non erano dettati in stile ciceroniano: perfino nell'istante di terminare una esistenza travagliata e infelice non l'avea lasciato la preoccupazione ciceroniana, che gli logorò e amareggiò gli ultimi anni.

La vita avventurosa e lo spirito appassionato, l'ingegno precoce di questa vittima del ciceronianismo furono cagione che, anche dopo morto, del Longolio giudicassero e scrivessero gli eruditi con molto interesse, fino a dar luogo ad accanite contese letterarie. Il Florido, buon giudice in fatto di stile, lo chiama smilzo a confronto del Poliziano, del Valla, del Pontano (1). Paolo Manuzio è ancora più severo; lo dice nullo, smilzo nelle idee, punto splendido nella forma; che trasportò nei suoi scritti parole, frasi e periodi ciceroniani, ma senza discernimento; forse avrebbe fatto meglio se la morte non l'avesse sorpreso (2). Più di proposito ne parlò Erasmo: « uomo di grande ingegno, egli dice, e di una perspicacia straordinaria, dotto, felice nel trattar gli argomenti, si procacciò moltissima fama, ma a troppo caro prezzo; si torturò per tanto tempo e finalmente morì prima d'aver compito l'opera, con non piccolo danno degli studi, ai quali avrebbe potuto giovare di più, se non fosse corso dietro a un vano fantasma, se non fosse stato roso da una pazza ambizione, che gli guastò il frutto dei suoi studi e gli troncò la vita ». Giudicando poi le sue opere, nota l'eleganza delle lettere, ma « come sono vuote e quali futili argomenti trattano! Rassomigliano ad alcune lettere di Plinio e a quelle di Seneca, che di lettere non hanno che il titolo; quanto movimento invece, quanta passione, che naturalezza di stile, che attrattiva della materia nelle lettere di Cicerone, nate veramente dalle vicissitudini della vita reale e non nel chiuso gabinetto di un pedante ». Con le orazioni del Longolio Erasmo è più severo e spesso adopera un'ironia abbastanza acre. Intende le due orazioni scritte in propria difesa, nelle quali vede un povero illuso, « che sogna un mondo imaginario

---

(1) *Lectiones succisiv.*, I, 2.

(2) P. Manuzio, *Lettere ined.* ecc.

di senato, di consoli, di tribuni, di province, di municipi, colonie, alleati, di Roma capo del mondo, di Romolo e di Quiriti, ch' egli crede di poter evocare con la potenza del suo stile ciceroniano, che rassomiglia tanto a Cicerone come i versi della *Batracomiomachia* ai versi dell'*Iliade* » (1).

Contro Erasmo si è scagliato Stefano Doleto (2), il quale chiama il giudizio di Erasmo addirittura un'invettiva contro il Longolio e ne vuol trovare la cagione nel confronto che colui avea fatto tra Erasmo e il Budeo, preferendo il Budeo (3). Questa è una calunnia del Doleto, perchè se il Longolio ebbe forse qualche rancore contro Erasmo, questi se ne duole, non vedendo di averne dato motivo: « quamquam in me videtur habuisse nescio quid stomachi, certe praeter meum meritum, qui de illo semper optime tum sensi tum praedicavi » (4). Comunque, il Doleto pigliando le difese del Longolio mostra, condendo di frequenti insulti il suo discorso, che lo stile di lui, contrariamente a quel che ne disse Erasmo, è grandioso e splendido, che vi è acutezza, ricchezza di sentenze, efficacia e robustezza, gravità ed elevatezza (5); che gli argomenti di molte sue lettere non sono niente affatto futili, ma seri e che del resto nelle lettere devono trattarsi cose di interesse quotidiano; che le orazioni, ancora che gli sia mancato il vero pubblico antico, hanno sempre importanza, quando oltrechè all'uditorio si badi anche alla causa e che quantunque morte le antiche istituzioni, pure si possono adoperare le formole antiche davanti ad uditori che le comprendano.

Se avesse ragione il Doleto o Erasmo, lo dica il seguente esordio della prima delle due orazioni del Longolio: « Quod per hosce quadraginta dies (questa determinazione di tempo è imaginaria) a Deo opt. max. precatus sum, patres conscripti, ut, si eo in senatum populumque romanum animo semper

---

(1) *Dialog. ciceronianus.*

(2) *Dialogus de ciceroniana imitatione.*

(3) BURIGNY, *Leben des Erasmus,* 1, pp. 253-256.

(4) ERASMUS, *Epist.,* 817; Lyon 1703.

(5) DOLETUS, *Dial. de cicer. imitatione,* pp. 19-20.

fuissem quo mortales omnes esse deberent, daretur mihi aliquando a perpetua illa et plane hostili accusatorum meorum insectatione respirandi spatium, ut hoc in loco et accusationem tuto refellere et innocentiae meae rationes vobis libere explicare possem, id ego mihi hodie tandem singulari vestro consilio, tum etiam beneficio, videor consecutus, qui me, quod erat quidem aequitate vestra dignissimum, sed, in tantis adversariorum meorum opibus, mihi hoc tempore minime sperandum, praeter omnium opinionem ad causam hac in arce Capitolina dicendam admisistis ». — Se non fosse pur troppo concepito seriamente da uno spirito illuso, si direbbe che è una finissima parodia degli esordi ciceroniani, da mettere insieme con l'altra argutissima che fa del secentismo il Manzoni nella prefazione dei *Promessi Sposi.*

Dopo il Longolio la società ciceroniana di Roma fu messa a romore da Erasmo, il terribile avversario del ciceronianismo. Erasmo si era formato un genere di scrivere che, pur rispettando scrupolosamente la grammatica, offendeva la purezza latina, e sempre portava una certa impronta di libertà; ma era una libertà geniale e in quel latino abbastanza impuro si può scorgere la produttività e la vena inesauribile della mente d'Erasmo: è uno stile originale. Ma quello stile non doveva assolutamente piacere ai ciceroniani, nè con quel suo principio stilistico Erasmo doveva guardarli di buon occhio. Già verso il 1520 in una lettera al Longolio scriveva, alludendo allo stile ciceroniano di lui, ch'egli non mettea troppo scrupolo nella scelta delle parole, sembrandogli che una simile affettazione non convenisse punto a chi rivolgeva la massima attenzione alle cose (1). Era grazioso quel suo verso che spesso pronunziava: *decem annos consumpsi in legendo Cicerone;* a cui fingeva che l'eco rispondesse la parola greca ὄνε, asino! (2). Ma la sua attività contro il ciceronianismo comincia propriamente l'anno 1526 e ce ne è prova il suo epistolario, in cui da quest'anno diviene frequente e sempre più vivace l'allu-

---

(1) In Longol., *Epist.*, III, 63.
(2) Lenient, p. 16.

sione ai ciceroniani. Erasmo conosceva la disputa avvenuta circa quindici anni prima a Roma tra Gianfrancesco Pico e il Bembo e ora vi vedeva, per opera del Longolio, risorto il partito ciceroniano, ch'egli chiamava *secta* ciceronianorum (1). *factio* ciceronianorum (2), *chorus* ciceronianorum (3), e fremere contro di lui quella società pagana di eruditi, con a capo Girolamo Aleandro e Alberto principe di Carpi (4), i quali miravano a cancellare dall'albo dei dotti Erasmo e il Budeo (5) e tutta la Germania e la Gallia (6). Ma la Germania e la Gallia per mezzo di uno di quei loro due grandi rappresentanti si apparecchiavano a rispondere alle sfide. Il Budeo eccitato da Erasmo ad attaccar battaglia non rispose all'invito (7); allora uscì Erasmo solo in campo. Nell'ottobre 1527 scriveva già o pensava il *Ciceronianus*, perchè nella lettera di questa data si trovano molte frasi che si rivedono in quello (8); l'anno seguente, 1528, il *Ciceronianus* era uscito: la guerra era dichiarata e accanita.

Questo libro interessantissimo e caratteristico è in forma di dialogo tra Nosopono ciceroniano, Buleforo anticiceroniano e Ipologo, un personaggio di ripiego, che professa il ciceronianismo, ma che facilmente si converte; più difficile è la conversione o meglio la guarigione di Nosopono, perchè la sua è una malattia, ma alla fine del dialogo esso è già ben avviato verso la guarigione. Il dialogo ha tre parti: nella prima Erasmo fa una graziosa caricatura dei ciceroniani; nella seconda confuta la loro dottrina; nella terza fa il catalogo degli eruditi della rinascenza, italiani e stranieri, morti e contemporanei, giudicati dal punto di vista dello stile ciceroniano. In questo libro si mescolano la più grave serietà con la più ar-

---

(1) Erasm., *Epist.*, 820, del 16 maggio 1526; cfr. 804.
(2) *Ibi*, 821; 16 maggio 1526.
(3) *Ibi*, 842; 26 decembre 1526.
(4) *Ibi*, 820; 16 maggio 1526.
(5) *Ibi*, 821; 16 maggio 1526.
(6) *Ibi*, 804; 23 marzo 1526.
(7) Lenient, p. 16.
(8) Erasm., *Epist.*, 899.

guta e fina ironia: l'una serve a mettere l'altra in rilievo e l'effetto che ne nasce è stupendo. Con che mordacità e festività egli tratteggia il carattere di Roma e dei ciceroniani, questa società di oziosi « desidentes in Ciceronis myrotheciis ac rosariis et in illius sole apricantes », che non cercano altro che il modo di far del chiasso, come è costume dei romani: « ut ea civitas undequaque captat voluptatis materiam » (1). Non fanno che sognare e parlare al senato e al popolo romano ciceronescamente; il senato? ma se mai ce ne è uno a Roma, di latino non ne capisce; il popolo romano? ma parla barbaramente, nonchè prenda gusto alla frase ciceroniana. E sempre Roma in bocca; povera Roma, che non è più Roma, ma un mucchio di rovine e di cui non resterebbe nemmeno l'orma, se non fossero i papi, la corte pontificia, le ambasciate e una colluvie di parassiti che accorre colà a far fortuna *libertatis amore*. Risuscitano con la loro malata fantasia il Campidoglio; povero Campidoglio, ridotto alle meschine proporzioni di una casotta, per farvi recitare dai ragazzi le comediole. Risuscitano le reminiscenze della cittadinanza romana; e ci è forse più merito ad essere cittadino di Basilea, che cittadino di Roma, « si contemptis verborum fumis rem aestimare liceat ».

Caustica, ma ad un tempo velatamente patetica, è la rappresentazione di Nosopono, il ciceroniano. Forse Erasmo non se ne è accorto, ma nel creare questa figura, ch'egli voleva rendere ridicola, l'ha resa invece sentimentale. Di Nosopono il lettore, prima che gli spunti il riso, sente compassione. Era una volta un buon compagnone, faceto, rubicondo, grassotto e ricco d'ogni bellezza giovanile. Ma ora è malato; è una malattia di cervello, ch'egli chiama malattia di cuore: « amore depereo », egli dice; amo la dea Πειθώ, l'eloquenza ciceroniana; sono dieci anni che la sospiro in vano; ma o possederla o morire: « nil medium est ». Felice il Longolio, che potè morire per essa! — Da sette anni non legge che libri di Cicerone; dagli altri scrittori si astiene come i certosini dalla carne; l'imagine di Cicerone egli l'ha fatta porre in tutte le stanze

(1) Erasm., *Dialog. ciceronianus*, p. 138.

della sua casa; la porta sempre con sè nell'anello, la sogna di notte. In questi sette anni di preparazione ha compilato tre indici ciceroniani. Nel primo ha raccolto tutti i vocaboli ciceroniani, con la loro flessione, indi con le derivazioni e finalmente con le composizioni; ad ogni parola ha citato il passo per intiero di cui fa parte, il luogo in cui si trova, foglio, facciata, riga, se in mezzo, in principio o in fine di riga. Della flessione delle singole parole ha notato con una linea rossa le forme che si trovano in Cicerone e con una linea nera quelle che non vi si trovano: p. es. *amabam* si trova, ma non *amabatis; amor, amoris,* ma non *amores, amorum; lego,* ma non *legor; ornatus, ornatissimus,* ma non *ornatior;* così dei derivati, p. es. *lectio* si trova, ma non *lectiuncula;* così dei composti, p. es. *perspicio* si trova, ma non *dispicio.* Nel secondo indice, più vasto del primo, notò le frasi, i tropi, le sentenze, i motti e simili. Nel terzo, più vasto del secondo, tutti i ritmi e i piedi con cui Cicerone comincia i suoi periodi, li sviluppa e li chiude. Passati i primi sette anni di preparazione, vengono i sette anni di imitazione. Nosopono si mette a tavolino a notte tarda, per non essere disturbato da alcun romore, e il suo gabinetto per questo scopo è situato nella parte più interna della casa. Non deve essere molestato da nessuna passione o cura mondana, epperò non ha preso moglie, nè ha voluto rivestire alcun ufficio nè secolare, nè ecclesiastico: meglio essere ciceroniano, che console o papa. Quelle sere che vuole lavorare, si mantiene leggiero lo stomaco, per lasciar più libera la mente, prende soli dieci acini di uva passa e tre confetti: « ciceronianum esse sobria res est ». Quando scrive, ecco come fa; deve fare p. es. una lettera? prima butta giù i pensieri come vengono; indi comincia a sfogliare parecchie lettere di Cicerone e i tre indici; trovate le parole, le frasi, i ritmi, adatta a quelli i pensieri. Scrive un periodo per notte, la lettera non avrà più di sei periodi. Quindi la riconfronta dieci volte con ciascuno dei tre indici; poi la mette dentro al cassetto, per rileggerla a mente fredda alquanti giorni dopo e limarla e rimutarla: « ego malim multum scribere quam multa ». Quando parla, Nosopono schiva di parlar latino, o se vi è costretto, si serve di certe formole adatte alle più comuni circostanze della vita, raccolte dai libri di Cicerone e mandate a memoria. Se deve fare una lunga conversazione, dove chi sa quante locuzioni non ciceroniane gli sfuggiranno, consacra poi un mese alla lettura ciceroniana per rifarsi il gusto. Se deve fare un discorso, se lo prepara e lo manda a memoria; non improvvisa mai. — Erasmo non ci fa ridere con questa caricatura, perchè il nostro pensiero senza volerlo, e i contemporanei l'aveano realmente creduto, ricorre al Longolio, da cui pare che l'autore abbia tolto le principali caratteristiche del suo Nosopono. Erasmo ha escluso qualunque allusione personale (1) e non c'è ragione di negargli fede, ma è impossibile che la storia e le vicende del Longolio non abbiano influito sulla concezione, almeno, di questa caricatura ciceroniana.

Le idee d'Erasmo sull'imitazione hanno molto di comune con quelle sviluppate da Gianfrancesco Pico nella lettera al Bembo. Imitare vuol dire scegliere il meglio da tutti gli autori: l'ape sceglie da molti fiori il polline, il pittore sceglie da vari volti i lineamenti delle sue figure. Così il letterato non deve limitarsi all'imitazione di un solo, si chiami pur esso Cicerone. Cicerone ha vizi che gli antichi già biasimarono, nè le sue opere sono pervenute a noi intere e quelle che ci rimasero furono guaste dal tempo e dai copisti. Inoltre Cicerone non esaurì tutte le forme diverse dello stile, nè trattò tutti gli argomenti; per il che volendo scrivere col suo stile, in molti argomenti saremmo condannati al silenzio. E posto pur che si debba imitare, riprodurremmo le sue qualità esteriori, le parole, le costruzioni, il ritmo, ma la sua vivacità, i suoi sentimenti, il suo colorito personale non mai; sicchè una vera imitazione ciceroniana, come la vogliono i ciceroniani, fosse anche ammissibile, non sarebbe possibile. Si imiti pure Cicerone, ma non si riproduca; i tempi sono mutati; gli istinti, i bisogni, i sentimenti nostri non sono più quelli di Cicerone; prendiamo esempio da lui, il quale imitando i Greci ha saputo formarsi uno stile personale e suo proprio, e anche noi scri-

---

(1) Erasm., *Epist.*, 981.

vendo badiamo a formar opera originale e non un lavoro di mosaico. E così riesciremo uomini del tempo nostro e saremo utili veramente ai nostri volghi, i quali di tutt' altro hanno bisogno che di Cicerone. Lo scrivere lettere e orazioni ciceroniane è nulla più che esercizio rettorico. A chi le scrivono quelle lettere? a quattro italiani, che si dànno l'aria di ciceroniani; e quelle orazioni niente hanno di serio: uno le fa, un altro le recita, lasciano il tempo che trovano; sono tutte del medesimo stampo: elogio del personaggio a cui sei inviato ambasciatore, proteste di stima da parte sua e quattro luoghi comuni.

Anche qui Erasmo non lascia mancare la nota satirica. Questi ridicoli si stimano tanti Ciceroni, se arrivano a finire un periodo con *esse videatur* o a cominciare un discorso con un *quamquam*, un *etsi*, un *animadverti*, un *cum*, un *si*, a scrivere *etiam atque etiam* per *vehementer*, *maiorem in modum* per *valde*, *identidem* per *subinde*, *Romam cogitabam* per *statuebam Romam proficisci*, a intarsiare i loro scritti di queste frasi: *non solum peto, verum etiam oro contendoque; valetudinem tuam cura et me ut facis ama; antehac dilexisse tantum, nunc etiam amare mihi videor*. Guai a mettere l'anno nella data delle lettere! Cicerone poneva solo il mese. Guai a scrivere *Carolo Caesari Codrus Urceus salutem* invece di *Codrus Urceus Carolo Caesari salutem*; a mettere *salutem plurimam dicit* invece di *salutem dicit*; *Regi Ferdinando* invece di *Ferdinando Regi*.

Ma la parte veramente capitale del *Dialogus ciceronianus* è la confutazione del paganesimo, che si faceva strada sotto l'elegante maschera del ciceronianismo. Erasmo lo dice nella prefazione: « sotto questo nome specioso di imitazione ciceroniana si subodora l'intenzione di renderci pagani ». E più chiaramente ed efficacemente nel dialogo: « siamo cristiani di nome; il corpo è battezzato con l'acqua santa, ma la mente è impura; la mano fa la croce, ma l'animo disprezza la croce; professiamo con la bocca Gesù, ma portiamo Giove e Romolo nel cuore; non abbiamo il coraggio di dichiararci pagani, ci copriamo sotto il nome di Cicerone: *paganitatem profiteri non audemus, Ciceroniani cognomen obtendimus* ». E si sdegna del paganeggiare che fanno i ciceroniani coi nomi più santi della religione cristiana, consacrati ormai dalla pietà e dalla tradizione. Siccome questo rivestire i nomi e le formole cristiane alla pagana è una delle più singolari caratteristiche del ciceronianismo, ne voglio recare un elenco quale lo dà Erasmo. Si adoperava adunque *Iup. Opt. Max.* per *Pater; Apollo* e *Aesculapius* per *Filius, Christus; Diana* per *Virgo; sacra contio, civitas, respublica* per *ecclesia; perduellis* per *ethnicus; factio* per *haeresis; christiana persuasio* per *fides; proscriptio* per *excommunicatio; diris devovere, aqua et igni interdicere* per *excommunicare; legati* o *veredarii* per *apostoli; flamen dialis, summus civitatis praefectus* per *pontifex romanus* (ma già *pontifex* era forma pagana di *papa*); *patres conscripti* per *consessus Cardinalium; Senatus populusque reipublicae christianae* per *synodus generalis; praesides provinciarum* per *episcopi; comitia* per *electio episcoporum; sycophanta* per *diabolus; vates, divinus* per *propheta; oracula divum* per *prophetiae; tinctura* per *baptismus; victima* per *missa; sacrosanctum panificium* per *consecratio corporis dominici; sanctificum crustulum* per *eucharistia; sacrificulus, sacrorum antistes* per *sacerdos; minister, curio* per *diaconus; numinis munificentia* per *gratia Dei; manumissio* per *absolutio*. — Ottiene poi il massimo effetto comico un medesimo passo scritto da Erasmo, prima in stile teologico, poi tradotto in stile ciceroniano. Eccolo in stile teologico: « Iesus Christus, verbum et Filius aeterni Patris, iuxta prophetias venit in mundum ac factus homo sponte se in mortem tradidit ac redemit ecclesiam suam offensique Patris iram avertit a nobis eique nos reconciliavit; ut per gratiam fidei iustificati et a tyrannide liberati inseramur ecclesiae et in ecclesiae communione perseverantes post hanc vitam consequamur regnum caelorum ». — Ora segue la traduzione ciceroniana: « Optimi maximique Iovis interpres ac filius servator rex iuxta vatum responsa ex Olympo devolavit in terras et hominis assumpta figura sese pro salute reipublicae sponte devovit diis manibus atque ita rempublicam suam asseruit in libertatem ac Iovis O. M. vibratum in nostra capita fulmen restinxit nosque cum illo redegit in gratiam, ut persuasionis munificentia ad innocentiam reparati et a sycophantae dominatu manumissi, cooptemur in civitatem et in reipublicae societate perseverantes, cum fata nos evocarint ex hac vita, in deorum immortalium consortio rerum summa potiamur ». — È una graziosissima satira delle esagerazioni ciceroniane; e Nosopono, il malato di ciceronianismo, non può tenersi dal riderne anche lui. Trattare gli argomenti sacri in questo modo, dice Erasmo, sarebbe come disfare un mosaico che rappresenta il ratto di Ganimede e rifare coi medesimi pezzi l'arcangelo Gabriele.

Il *Ciceronianus* sollevò grandi proteste e indignazioni, com'era da aspettarsi, in Italia e fuori. Fuori e specialmente in Francia si era menato scalpore e gridato allo scandalo per un confronto che Erasmo avea, nel catalogo degli eruditi, fatto tra il Badio e il Budeo; confronto, siamo giusti, veramente fuor di luogo e fuor di proposito, perchè il Badio infinfine non era che un libraio e un raffazzonatore e più spesso sconciatore di commenti, dovechè il Budeo era un ingegno di primo ordine e originale. L'eco di queste ire, di questi scalpori si può cogliere minutamente nell'epistolario di Erasmo (1). Ma dove più si gridò contro Erasmo fu in Italia e a Roma specialmente; il che egli avea però facilmente preveduto, perchè l'Italia era stata da lui direttamente presa di mira: « Ciceronianus meus non paucos offendit Italos, quod satis divinabam fore » (2). Il Bembo e il Sadoleto si son tenuti in disparte e hanno sempre conservato un contegno amico ad Erasmo, da cui erano avuti in grand'onore, come mostra il giudizio ch'egli ne diede nel suo dialogo. Ma due dei più simpatici italiani erano stati da lui veramente malmenati in un modo indegno: il Pontano e il Sannazzaro. Egli li rimprovera di aver troppo paganeggiato nei loro scritti e in questo non ci sarebbe nulla di male; ma gli Italiani si sono sdegnati di espressioni insultanti come queste: del Sannazzaro avea detto che il suo poema sulla

---

(1) *Epist.*, 969; 975; 982; 999; 1002; 1015; 1105, 1135. Cfr. LENIENT. pp. 32-35.

(2) *Epist.*, 1082.

Vergine, se si considera come primo tentativo poetico di un giovane, può passare, ma per lavoro di un uomo serio gli va preferito il solo inno di Prudenzio sulla nascita di Gesù (1); e del Pontano diceva che preferiva, al solito, un inno di Prudenzio a una nave carica di versi pontaniani (2). Il Florido, nemico acerrimo dei ciceroniani, ammiratore d'Erasmo, ma però sempre adoratore della bella forma, come tutti gli italiani, non potè tenersi dal confutare energicamente il grande critico straniero e dirgli chiaro e aperto che egli non si potea persuadere che avesse scritto in quel modo, se non mosso da livore e, quel che è peggio, da invidia (3).

In Italia e in Roma le vie, i crocicchi, i ginnasi, le chiese, i banchetti risonavano del nome nefando di Erasmo, com'egli stesso dice. e si facevano congiure di giovani per salvare l'onore di Cicerone: « Itali in me debacchantur..... sunt aliquot iuvenes male feriati qui conspirarunt in Italiae et Ciceronis hostem » (4). Pietro Curzio, dell'accademia romana, scriveva contro Erasmo un libro (5); un certo Longo non adoperava contro di lui la penna, ma la parola e avea eccitato uno di Vratislavia a comporre contro Erasmo un libro, che faceva il giro di tutta l'Italia (6); e un libro contro lui si stampava a Milano (7). Erasmo in uno dei suoi proverbi avea scritto: « Myconius calvus, velut si quis Scytham dicat eruditum, Italum bellacem »; ebbene gli italiani aveano interpretato come offensive quelle parole, le quali provocarono un libro intitolato: *Defensio Italiae adversus Erasmum,* stampato a Roma e dedicato a Paolo III. S'era sparsa a Roma una lettera, piena di scurrilità, finta di Erasmo; s'era pubblicato un libro col titolo: *Cicero relegatus et Cicero ab exilio revocatus*, forse

---

(1) *Dialog. ciceronianus.*

(2) *Epist.*. 899.

(3) Floridus, *Lection. succis.*, III, 6.

(4) Erasm.. *Epist.*, 1279.

(5) *Ibi*, 1276; 1296.

(6) *Ibi*, 1277.

(7) *Ibi*, 1288.

di Ortensio Landi, nella cui prima parte si calunniava acremente Cicerone e nella seconda freddamente si difendeva; e un altro libro era in preparazione, che avrebbe portato il titolo di *Bellum civile inter Ciceronianos et Erasmianos* (1). In tutto questo tramestio Erasmo vedeva la mano e l'opera instigatrice, iniqua di Girolamo Aleandro: era stato lui ad instigare Pietro Curzio a scrivergli contro (2); era stato lui a pubblicare prima un libello sotto il nome dello Scaligero (3) e poi un altro sotto il nome del Doleto (4). — Ma lo Scaligero e il Doleto erano stati veramente gli autori; di questi due dirò ora qualche cosa.

Lo Scaligero e il Doleto rappresentano l'opposizione della Francia contro Erasmo. Comincio dallo Scaligero. Egli scrisse contro Erasmo due orazioni, che sono due invettive. La prima è del 15 marzo 1531, scritta da Agen. Nell'introduzione lo Scaligero si scusa se non ha potuto confutar prima il dialogo d'Erasmo, « dialogus ille nefarius », perchè gli arrivò assai tardi. L'orazione si divide in tre parti; la prima è tutta una nera calunnia contro Erasmo; lo chiama rinnegato, parassita, correttore di stampe, spacciando ch'egli scrisse quel dialogo perchè volea distruggere Cicerone, dopo d'essersi fatto bello dell'imitazione di lui. Nella seconda parte ribatte le censure personali fatte da Erasmo a Cicerone; nella terza prova, contro le accuse di Erasmo, che Cicerone è perfetto. Ecco la ragione per cui dobbiamo seguir sopra ogni altro Cicerone: « non quoniam Cicero non posuit, damnabimus; sed quoniam damnanda essent, ipsum non posuisse iudicamus » (5). — Non mi occupo degli epiteti ingiuriosi con cui egli chiama Erasmo: *monstrum, helluo, nebulo, canis, parricida, carnifex;* quello che mi preme avvertire è che in quest'orazione lo Scaligero non tratta la question dell'imitazione, ma fa unicamente l'apologia di Cicerone. Erasmo parlò di quest'orazione col disprezzo

---

(1) Erasm., *Epist.*, 1279.
(2) *Ibi*, 1288.
(3) *Ibi*, 1205, 1277.
(4) *Ibi*, 1288.
(5) Iul. Caes. Scalig., *Orat.*, I, p. 30.

che meritava, dichiarando che con tal gente, che adoperava gli insulti invece degli argomenti, egli non combatteva e che del resto nemmeno era questione che gli apparteneva, perchè egli non avea combattuto Cicerone, ma i ciceroniani (1). Per vendicarsi di questo disprezzo lo Scaligero scrisse nel 1535 un'altra orazione. che è più ancora della prima un'invettiva personale e che perciò non ha interesse per la nostra storia. L'odio dello Scaligero non molto dopo pare siasi smorzato; infatti nel 4 maggio 1536 (2) scriveva da Agen all'Onfalio, che gli aveva chiesto di far la pace con Erasmo, di esser pronto a farla e sinceramente, protestando ch'egli si mise in quella polemica non per odio personale, ma per difesa di un principio. Non so quanto sia da credere a una simile protesta; ad ogni modo la riconciliazione dello Scaligero non arrivò a tempo, perchè Erasmo era morto.

Più interessante è il libro del Doleto (3) contro Erasmo, quantunque anch'egli mischi vergognosamente le ingiurie e gli insulti alla discussione. È in forma di dialogo, che si suppone avvenuto a Padova tra Simone di Villanova e Tomaso Moro, e fu stampato nel 1535. Esso comprende due parti principali; la prima è una difesa del Longolio, che il Doleto crede essere stato posto in caricatura da Erasmo sotto il nome di Nosopono. In questa prima parte anzitutto difende il Longolio, dicendo fra le altre cose che alla religione cristiana hanno recato maggior danno le uggiose e importune dispute di Erasmo, Lutero e compagnia, che non tutta la paganità dei ciceroniani. Indi mette a confronto il Longolio con Erasmo, mostrando la superiorità dello stile di quello su questo e giudicando sfavorevolmente ad una ad una tutte le opere di Erasmo. Nella seconda parte del libro si discute diffusamente sull'imitazione, la quale è necessaria all'uomo e che il Doleto divide in tre parti: imitazione di parole, di sentenze, di composizione.

---

(1) Erasm., *Epist.*, 1277.

(2) Iul. Caes. Scalig., *Epist. et Orationes*, pp. 302 sgg.

(3) Steph. Doletus, *De ciceroniana imitat. adversus Erasm. pro Chr. Longolio dialogus;* Lyon 1535.

Parole: di tutti gli autori latini il più perfetto è Cicerone, « purissimus linguae latinae fons, flumen, oceanus ». Cicerone ha parole per qualunque sia ordine di idee; quelle che non troveremo in lui, prenderemo da altri autori, ma non ci allontaneremo da lui, finch'egli ci serve. Gli altri si leggano per l'erudizione, Cicerone sopratutto per la parola. Badisi però che non meritano nome di ciceroniani quelli che sanno appena riprodurre qua e là quattro locuzioni ciceroniane, sbagliando, se occorre, la grammatica: « ciceroniani nomen ei tribuam qui Ciceronem diligenter legerit, qui Ciceronem intus et in cute noverit, qui Ciceronem una lectione non vorarit aut absorpserit, sed sensim delibarit, degustarit, regustarit, exhauserit, beneque concoxerit ». — Sentenze: le sentenze derivano a noi più dalla natura, che dall'imitazione; ma in Cicerone troveremo l'arte di esporle, di vivificarle, di adattarle ai singoli luoghi; imparata quest'arte, anche quelle che desumiamo da lui possiamo invertire e modificare, da parer cosa nuova: « in quo imitando quid impedit quin aurificum industriam atque artem aemulemur? an si a te bracteam illi accipiant, non eam, si libet, sic immutant ut nihil formae pristinae maneat? » — Composizione: anche la prosa deve avere il suo ritmo e in questo è sommo maestro Cicerone; da lui impariamo il temperamento delle vocali e delle consonanti, delle sillabe lunghe e delle brevi, gli stupendi effetti dell' antitesi.

Seguitando quindi il Doleto a rispondere alle obbiezioni fatte da Erasmo nel *Ciceronianus*, mostra come Cicerone sia atto a tutti gli ingegni e a tutti gli argomenti: le condizioni della vita moderna non sono press'a poco le medesime dell'antica? « tulliano eloquio qui abundet, latum habet perpetuo campum in quo tullianam phrasim apte commodeque et profundat et explicet ». Scrivendo di cose sacre, le parole che non si trovano in Cicerone si desumano giudiziosamente da altra fonte, ma non si perda mai di vista l'efficacia, la robustezza, la prudenza, l'acutezza ciceroniana. Cicerone stesso tolse per la filosofia parole dal greco: « ciceroniana imitatio verborum religione non continetur ». Nè ci si dica che il ciceroniano manchi di varietà; come il cuoco sa dare vari sapori alla medesima carne, così noi possiamo adattare a mille diversi argomenti il materiale linguistico di Cicerone: « qui in Cicerone versatur, eadem semper verba usurpet necesse est, sed ad rem susceptam ita diverse accommodata ut simul latine, pure, eleganter, proprie, apte, ornate, copiose, denique tulliane loquatur et varie, ut nihil repetitum aut plus semel dictum iudices ». Anche imitando Cicerone, nulla ci impedisce di formarci uno stile personale e che sia la vera espressione dell'animo nostro: « auferetne liberam quae sentimus et animo agitamus dicendi atque scribendi facultatem divinus ille romanae eloquentiae parens, cum nos verborum copia, schematum cumulo, sententiarum gravitate, numerorum oratoriorum suavitate instruit? » Quanto alla corruzione dei libri di Cicerone, il Doleto osserva che ormai per opera dei grandi critici, il Valla, il Poliziano, il Budeo, il Longolio, furono restituiti alla loro primitiva genuinità; e quanto finalmente alla paganità dei ciceroniani, nota che sono tutt'altro che pagani il Sadoleto, il Bembo, il Longolio.

Si deduce dal lungo e assai noioso dialogo che il Doleto era ciceroniano, ma non fino alla superstizione, giacchè egli ammette che si possano adoperare parole di Terenzio, quando siano appropriate alla prosa, e di altri scrittori, purchè siano di quelle ammesse alla cittadinanza romana, nè per troppa antichità, come il vino, inacidite; e che l'imitazione ciceroniana non consiste tanto nelle parole, quanto nell'arte: « Ciceronis imitatio non tam verbis constat, quam artis expressione diffinitur neque ciceronianus videtur qui anxie magis verba Ciceronis emendicat, quam reliquas illius virtutes in dicendo sequitur » (1).

Producono effetto veramente comico due intestazioni di lettere messe a riscontro dal Doleto, per mostrare la differenza tra lo scrivere misurato e parco del Longolio e la verbosità d'Erasmo. Intestazione del Longolio: « Christophorus Longolius Francisco Valesio regi salutem ». Intestazione d'Erasmo: « Inclito, virtutibus omnibus illustrissimo victoriisque infinitis clarissimo atque omnium potentissimo Ferdinando Bohemiae regi

---

(1) *De ciceron. imitatione.* p. 119.

servus humillimus et vermiculus terrae pauperculus monachus Erasmus reiecto post tergum cucullo reverenter et cum omni humilitate sal. plur. dicit ».

Contro il Doleto, il *caeritus Alcmaeon*, difese Francesco Florido il criterio stilistico d'Erasmo. Divide rettamente la lingua latina in tre periodi: l'arcaico con Plauto per rappresentante; il classico con Cicerone; e il periodo di Plinio, nel quale comincia la decadenza. Gli autori tutti del secondo periodo e i migliori del primo e del terzo devono essere presi come modelli di scrivere latino, badando però di non arrivare più giù di Quintiliano; ma se faccia di bisogno, è meglio adoperare una parola anche di Lattanzio, di Boezio, che designare l'idea con una troppo lunga perifrasi. L'imitazione del solo Cicerone è una pazzia ignota agli antichi, i quali imitavano. e Cicerone stesso ne è una prova, non un solo, ma i migliori. E seguita ripetendo i medesimi argomenti d'Erasmo e accendendosi di quando in quando di ira contro il Doleto, degno, com'egli dice, di essere soffocato lui nello sterco, che chiamò sterco tutti gli autori latini, meno Cicerone. Volendo cercare le ragioni per cui vomitò quella sua *tragoedia* contro Erasmo, ne trova due: l'una di farsi un nome, attaccando un illustre letterato; l'altra di garantire lo smercio dei suoi commentari della lingua latina, i quali essendo stati compilati sulle raccolte ciceroniane di Roberto Stefano (1) e del Nizolio (2), avrebbero perduto ogni valore se fosse invalso il principio eclettico propugnato da Erasmo. In queste sue note il Florido provoca il Doleto: tutto il suo dialogo, egli dice, non è che una filza di ciance vane e insulse; « quae nisi vera sunt, habebit ipse se purgandi locum, si et nostro de vulnere sanguinem sequi credet et eodem mihi quo illi pretio sal perhibetur » (3). Questo scriveva il Florido nel 1539; l'anno appresso il Doleto rispose alla provocazione con un libro intitolato:

---

(1) Rob. Stephanus, *Latinitatis thesaurus*, 1536.

(2) Nizolius, *Ciceronianus apparatus et in Ciceronem observationes*, 1535.

(3) Fr. Florid., *Lectiones succis.*, I, 2 e 4.

De imitatione ciceroniana adversus Floridum. Si compone di due parti: nella prima riassume quanto dell'imitazione avea scritto nel dialogo contro Erasmo; la seconda è un'invettiva temeraria, invereconda, nella quale chiama barbaro il latino del Florido, lo accusa di immoralità e di furti letterari. Infine si trovano alcuni epigrammi, di cui eccone uno per saggio:

Quid Floridus? comedo, helluo, lurco, venter,
ganeo, gerro, invidia, maledicum, iners, bardus,
terrae pondus inutile, dolus, scelus, pestis.

Il Florido replicò molto più moderatamente del suo avversario con un opuscoletto intitolato: *Adversus Doleti calumnias*, stampato nel 1541 a Roma, nel quale lo taccia di aver cambiato, come si dice, le carte in mano, perchè doveva parlare di imitazione e invece parlò dei nemici di Cicerone; ora il Florido si protesta anzi ammiratore di Cicerone e che per difenderlo incontrò non poche inimicizie.

E qui finisco, perchè con questo strascico di lotta tra il Doleto e il Florido s'è già oltrepassato l'anno della morte di Erasmo, la quale avvenne nel 1536. Con la morte sua sostò la guerra ciceroniana e sosto anche io. La guerra si rinnovò qualche tempo dopo fra gli epigoni: il Ramo dall'una parte, il Carpentario e il Perionio dall'altra, e più tardi fra il Ricci, il Camerario, il Lipsio ed Enrico Stefano (1); ma quelle lotte non hanno più importanza; gli anticiceroniani e i ciceroniani ripetono argomenti e insulti che noi già conosciamo da un pezzo. Ormai tutte le maniere stilistiche del periodo degli umanisti sono esaurite; si inaugura una nuova fase della lingua latina, che fu e forse sarà per sempre l'ultima, in cui essa accolse le nuove parole delle lingue moderne e diventò lingua scientifica universale. Il regno della forma, il ciceronianismo era inesorabilmente finito con la metà del secolo decimosesto ed era tempo che la forma cedesse il posto alla sostanza. Produce grande impressione, ma non inaspettata in chi ha seguito le vicissitudini del ciceronianismo, sentirne la condanna pronunciata pacatamente e con sicura convinzione da quel grande

---

(1) Lenient, pp. 50-64.

ingegno che fu il Mureto, il quale del resto fu uno dei più felici ed eleganti cultori della forma latina. Egli che altrove avea chiamato gazze e pappagalli i ciceroniani (1), in una lettera del 1556 ragionando della corruzione dei testi antichi afferma che il lavoro veramente durevole e apprezzato dai posteri è il lavoro di emendazione e dilucidazione dei classici, è la critica dei testi; e che del gran plauso, che ottennero gli eleganti latinisti del principio del secolo e lo stesso Bembo, non dura nemmeno l'eco: chi legge oggidì quei poemi, quelle orazioni, quelle epistole tanto affettate nella forma? chi prende più in mano i libri del Bembo? di lui sopravvive ancora qualche lucubrazione intesa ad emendare i testi antichi, ma null'altro (2). È una condanna severa, ma giusta e tanto più grave e solenne, quanto è più autorevole lo scrittore che l'ha profferita. Il regno della forma è finito e quello della critica comincia.

Ciò che del resto in tanto rimescolio di passioni, d'ire, di partiti, come si son veduti in questo ultimo periodo del ciceronianismo, più d'ogni altra cosa ci fa meraviglia, è la calma sicura e il silenzio dignitoso di Erasmo; non rispose a nessuno; l'obbligo suo era compiuto: lanciò il libro nel mondo; guardò tranquillamente all'effetto che vi produsse e tacque. Forse gli rincrebbe vedersi dai più scambiata la questione; egli aveva combattuto l'imitazione ciceroniana e gli avversari l'aveano accusato di movere guerra a Cicerone: in una questione di principio si era voluto vedere una questione personale. Erasmo volle dare una testimonianza di affetto a Cicerone e una soddisfazione agli avversari; e vegliardo, appena due anni prima di morire, così scriveva nella prefazione alle *Tusculane:* « Me vero, tametsi iam vergente aetate, nec pudebit nec pigebit, simulatque extricaro me ab his quae sunt in manibus, cum meo Cicerone redire in gratiam pristinamque familiaritatem, nimirum multis annis intermissam, renovare menses aliquot. »

(1) Muret., *Orat. et Epist.*, I, p. 152; II, p. 64; cfr. I, p. 274; e *Variae Lectiones*, XV, 1.

(2) Muret., *Orat. et Epist.*, II, p. 158.

II.

Sul coniar nuovi vocaboli latini.

Il nuovo indirizzo letterario iniziato genialmente dal Petrarca si oppose naturalmente sin dal principio alla barbarie medioevale e quindi ai barbarismi della lingua latina; e dal latino scolastico a quello del Petrarca ci è difatto un abisso. Il Petrarca attingeva il suo latino a purissime fonti: a Cicerone, a Vergilio, a Livio; vi si trova un po' troppo di Seneca; ma che si potea pretendere dal fondatore della nuova latinità? E così di barbarismi e di neologismi non va scevro nemmeno il Petrarca; ma bisogna dire che ne ha molto meno di qualche scrittore che venne dopo di lui e che trovandosi in condizioni letterarie migliori avea l'obbligo di adoperare un latino più puro. D'altra parte la questione non fu posta e nemmeno sospettata dal Petrarca, il quale in questo riguardo faceva, non disputava. La questione fu posta poi e ciascuno o tacitamente la presupponeva risoluta a modo suo o espressamente la trattava, dandole quella risoluzione che più credesse opportuna. Il campo si divise in due partiti: l'uno di quelli che ammettevano si potessero coniar nuovi vocaboli latini; l'altro di quelli che assolutamente non l'ammettevano. C'era poi il partito dei conciliatori, che cercava di mettere d'accordo le due opinioni estreme. I due partiti estremi hanno anche la loro ragione storica nei due principali periodi dell'umanismo: l'uno il periodo dell'originalità, che va fino oltre alla metà del quattrocento; l'altro il periodo dell'imitazione. Nel primo di questi periodi gli umanisti aveano bisogno di nuovi vocaboli, perchè a loro la lingua latina era lingua viva; del volgare, che disprezzavano, non si servivano; la lingua latina si adoperava nelle orazioni, nelle corrispondenze, nelle scuole, nelle conversazioni; è perciò naturale che nel continuo maneggiarla essa non restasse sempre pura; e dall'altra parte per quanto fossero romani in tutto non potevano affatto sottrarsi all'azione del volgare, che aveano succhiato col latte, e al contatto col volgo, che di latino non ne sapeva; e poi l'influenza del secolo loro dovea pur farsi sentire, nè potevano esser tanto pagani, che del loro tempo non restasse in essi traccia alcuna. Si aggiungeva poi la genialità di qualche umanista, che a nessun patto avrebbe rinunziato, anche adoperando una lingua morta, a trasformarla del suo, in modo da imprimerle una impronta originale; e quindi a coniar nuovi vocaboli e a piegar la sintassi a nuovi costrutti.

Chi avrebbe potuto negare a Poggio questo diritto? Glielo negò l'età posteriore; ma quell'età non era più originale, essa viveva tutta d' imitazione, la quale toccò il colmo coi ciceroniani, che non ammetteano nei loro scritti nessun vocabolo, se non era di Cicerone. Non si può negare che tanto in Poggio quanto nel Bembo, corifeo dei ciceroniani, troviamo i due estremi; ma hanno tutti e due la loro ragione storica. Del resto se noi dovessimo giudicare fra i due, sceglieremmo Poggio: qui abbiamo la lingua latina che ha trovata una nuova forma, la quale storicamente ha tanto valore quanto ne ha quella delle orazioni di Cicerone e quella della genesi nella *Volgata*.

Non sarà male sentire come la presente questione è risoluta da un umanista stesso e sceglieremo, p. es., il Florido (1). Ecco come la discorre il Florido: « nostro seculo vehementer inter doctos ambigitur liceatne his temporibus novas voces inducere. » Il Pontano, Ermolao Barbaro, il Gaza si sono presa una certa libertà nel formar nuove parole: chi li biasima, chi li loda. Il partito moderato invece ritiene che si possano applicare nuovi vocaboli solo alle nuove idee: « rebus tantum recens emergentibus nomina indi posse; » e biasima quelli che al tempo nostro chiamano le cose con nomi diversi dei romani. Che sinchè la lingua latina era viva, la si poteva arricchire di nuovi termini; ora è impossibile; eppure i latini stessi in questo erano assai cauti. E qui il Florido con molti esempi mostra quanto parco fosse Cicerone nell'ammettere nuovi vocaboli, anche dove la lingua latina ne avea di biso-

---

(1) *Apologia in ling. lat. calumniatores*, pp. 68-71.

gno. Del resto, conchiude il Florido, quando vi sia assoluta necessità di coniar nuove parole, si mitighino con le seguenti formole: *ut ita dicam; sic dixerim; si licet dicere; quodammodo; permittite mihi sic.*

Voglio ora dare un saggio di neologismi, che ho notati qua e là a caso, leggendo le opere degli umanisti. Non è che un saggio e nemmeno ordinato secondo un criterio prestabilito, ma così come viene. Sarebbe facile accrescerlo di assai, ma non avrebbe grande importanza, giacchè a confermare il fatto bastano le prove seguenti:

Poggio. — In una sola lettera, al Niccoli, si trovano i seguenti neologismi: *quindena* (femminile singolare); *certificare; frustecula; vendantur; solemniis* (ablativo); *insigniis* (ablativo); *exemplariorum; circumvicini; abiet* (per *abibit*); *dignificare; libruncula castratelli; decadarum.*

Antonio da Rho. — Ecco i neologismi che si trovano nel suo libro *De imitatione: aliqualis; aliqualiter; appodiare; diversimode; avisare; bancalia; tregua; ridiculose; pariformiter; intrinsecus, extrinsecus* (aggettivi); *respoliatus; philocaptus; induciari; parvissima; infiteri; defiteri; complices; rancor; unusquisquelibet; pelliparius; pensionarius; instantia* (nome); *praesentialiter; recommendaticius; riperia; tribulor; granellum; deitas.*

Valla. — Il Valla stesso, l'acerbo e instancabile persecutore degli scrittori che ammetteano barbarismi, e lo sanno appunto i due citati di sopra, Antonio da Rho e Poggio, ammette neologismi anch' egli e proprio nel libro dove meno ce lo aspetteremmo, cioè nelle *Eleganze*. Ecco quanti ve ne ho trovato: *deornamentum; asciticius; substantivare; ignorative; traditu dignissimus; per subintellectionem; praeanimosus; qui persuasus est.* — Altre parole o rare assai o usate in altro senso: *magis momentosum* per *maioris momenti; digestibilis; modificatus.* — Del resto è difficile cogliere il Valla, da questo lato, in fallo; chè altro ci sarebbe da dire sulla purezza del suo stile, alla quale però non teneva gran fatto.

Ognibene Leoniceno. — *Aptitudo; moderniores; apostrophare; correspondere; virtuosus; intrinsecus* (aggettivo) si incontrano nel suo commento al *Laelius* di Cicerone.

Giorgio da Trebisonda e Teodoro Gaza. — Costoro nelle traduzioni dal greco dovettero foggiare nuovi vocaboli, per supplire in qualche modo alla ricchezza greca. Ecco come dice del Trebisonda il Poliziano: « libros eos (gli *Animali* di Aristotele) sic Georgius Trapezuntius luculente vertit, ut vel redditis quae apud veteres invenerat vel per se *denuo fictis excogitatisque vocabulis* latiam prorsum indolem referentibus, vitio factum nostro primus, ut opinor, iuniorum docuerit, cur ipsi minus multas quam Graeci rerum appellationes habeamus » (1).

E di Teodoro Gaza scrive Ermolao Barbaro (2): « is si diutius vixisset, linguam latinam hac quoque parte locupletasset ». — Il Giovio (3) lo loda, perchè seppe con molta finezza foggiare nuove parole latine: « *Historias* Aristotelis *de animalibus* et Theophrasti *de plantis* ita latinas fecit ut romanae linguae facultatem, cum nova vocabula solerter effingeret, audaci sed generosa translatione locupletarit ». — Così adoperò Ermolao Barbaro, il quale « instrumentum verborum incude nova fabricatur », come dice il Poliziano (4); anzi confessa egli stesso di avere coniato del suo una decina di vocaboli nella versione di Temistio. « Quoniam negari non potest incidere in philosophia locos, quibus explicandis fingere aut novare quaedam necesse sit idque et M. Tullius et omnes veteres concedunt..... Decem summum circiter verba opere toto comperies, quae arrepta de foro dici non possint atque horum etiamnum aliqua iam latinis auribus trita desumpsimus, aliqua ipsi peperimus » (5). Un composto da lui foggiato è *cupedivora*.

In Pomponio Leto il Poliziano ha notato: *graculatim et sturmatim* (6); nel Poliziano, che pure è tanto esatto, io ho trovato: *breviusculus; funditator; lignipes; ineliqualitus; superducticius; pulpiterius; reformidabilis; abstrigillo; exemplarius.*

---

(1) *Miscellan.*, 90.
(2) Politian., *Epist.*, lib. XII.
(3) *Elogia doctor. vir.*, 26.
(4) *Miscellan.*, 90.
(5) Politian., *Epist.*, lib. XII, p. 419.
(6) Politian., *Epist.*, lib. I.

Beroaldo. — Questo autore è tutt'altro che scrupoloso; ma il suo stile è già una mostruosità anche per i contemporanei; sicchè non è da far le meraviglie se egli conia vocaboli, p. es.: *secretarius; compater; commater; galleria; sclopus; girandola.* Talvolta però in descrizioni dove entrino oggetti moderni domanda il permesso.

Pontano. — Nel suo dialogo *Charon* abbiamo questo diverbio tra Menicello (il grammatico Mancinelli) e Mercurio: *Men.* Ricordati di rimproverare acerbamente Antonio Panormita, che adoperò erroneamente il diminutivo *epistolutia. Merc.* E io, caro Menicello, a nome del Panormita ti rispondo che la lingua italiana non solo ha formato molti nuovi diminutivi, ma anche certi peggiorativi; sicchè io di incarico del Panormita ti saluto per *grammaticonem.* — Il Pontano perciò ammetteva i neologismi, guidato specialmente dall'analogia della lingua italiana: fenomeno questo di grande importanza; e più di tutto i suoi neologismi sono, com' egli stesso per bocca di *Mercurio* afferma, diminutivi. Ne scelgo alcuni dall'altro suo bellissimo dialogo, l'*Antonius: pilleatulus, suffarcinatulus, fritillus, frustillum, anaticulus, superstitiosulae, hirquitulus.* Altri neologismi, tratti dal medesimo dialogo: *asserenascit, campana, labirynthiplexia* (attribuito al Panormita), *praesumptonem, septicipitem, perpallavit, evomius.* Si noti poi questo passo, dove si parla del fracasso notturno di Euforbia meretrice: « clamat, inclamat, frendit, *dentitonat, hinnifremit,* rixatur, furit: veru, pelves, patinas iaculatur, *titionatur, candelabratur:* novis enim vocibus novus beluae huius furor exprimendus est. »

Nelle sue poesie poi, dove con una originalità non conosciuta nè prima nè poi, se si eccettui forse il Poliziano, innestò sul vecchio tronco latino il nuovo e vegeto pollone italiano, ricorrono più frequenti i neologismi. Ecco qualche esempio:

Iube isthaec tibi basiem labella
Succiplena, tenella, mollicella.

Suge, canam tibi *naeniolam: ne* naenia nonne
Nota tibi. nate, est naenia *naeniola?*

...... intortis tantum laudata *torallis.*

Brasiculisque apioque ferum nucibusque coronant.

Eppure il Pontano tanto largo con sè di neologismi, era inesorabile con gli altri. Mi basta riferire la critica da lui fatta a Leonardo Bruni, per la nuova parola *coincidentia*, adoperata nella significazione di iato. Quale scrittore usò mai questa parola? domanda il Pontano; non è latina certo, nè se fosse latina significherebbe quello che il Bruni vuole. Ma supposto che ci fosse, dovrebbe derivarsi da *cum* e *incido*: o è *incido* da *caedo*, che vale *tagliare*, e questo non ha che fare con l'iato di due vocali; o è *incido* da *cado*, che vale *urtare contro*, e nemmeno questo verbo può riferirsi a due vocali che si incontrano. Si aggiunga che il *cum* non si prepone mai a verbi composti già con la preposizione *in*; quindi non si dice *coinvenio, coinhaereo, coinhabito, coindoleo, coinfero* e simili. Fa eccezione *coinquino*; ma *inquino* o è un verbo semplice, o, se è composto, le sue parti non si discernono; e il verbo *cunio* infatti, da cui vogliono alcuni grammatici derivare *inquino*, non era in uso nemmeno al tempo di Cicerone. Io per me credo, conchiude il Pontano, che gli antichi dissero non *coinquinare* ma *conquinare*, come *convenire*, *conferre* e che per rozzezza dei tempi da *conquinare* si sia fatto *coinquinare*. Sarebbe dunque più tollerabile il Bruni, se avesse scritto *concidentia*, da *concido*, composto di *cum* e *cado*; quantunque neppure il verbo *cadere* si potrebbe applicare all'incontro delle vocali.

Tanta scrupolosità del Pontano mostra, non foss'altro, due cose: l'una che gli umanisti prendevano molto in sul serio la questione del coniar vocaboli nuovi; l'altra che nel coniarli tenevano grandissimo conto dell'analogia.

---

(1) PONTAN., *De Aspiratione*, II, 1.

III.

Lotte fra i Latini e i Greci.

Per quanto gli umanisti italiani abbiano promosso lo studio del greco, non si può negare che essi erano e si sentivano sopratutto latini; e il Petrarca chiama solitamente *nostri* i Latini in contrapposizione ai Greci (1). Ma questo sentimento innato e comune negli Italiani, che erano i Latini nuovi, per motivi particolari fu tramutato ben presto in gelosia fra Latini e Greci. I Greci che venivano di Costantinopoli erano ordinariamente rozzi a petto dei colti Italiani e nella loro rozzezza molto presuntuosi. Gli Italiani se ne giovavano, perchè aveano bisogno della loro lingua, ma non poteano tenersi dal disprezzarli (2), e coglievano qualunque occasione per contraddirli, come si vede dal seguente fatto, che è raccontato dal Piccolomini. Ugo Benzi da Siena, famoso medico e destro dialettico, una sera in Ferrara invitò a una cena, alla quale assisteva anche il marchese Nicolò, tutti quei filosofi greci che si trovavano allora in quella città con Eugenio papa per il concilio (1438). Il Benzi, finita la cena, seppe destramente tirar la discussione su alcune proposizioni, in cui appunto Platone e Aristotele divergevano, offrendosi di difendere quella delle due parti che i Greci presenti impugnassero. I Greci accettarono, ma dopo una disputa accanita di parecchie ore il Benzi ad una ad una confutò vittoriosamente tutte le loro proposizioni. « Che nelle arti della guerra — soggiunge il Piccolomini — e nell'onor delle armi i Latini abbiano superato i Greci, è fatto antico; al nostro secolo era riservato anche di superarli nella scienza e in ogni ramo di dottrina » (3). Noi

---

(1) Iul. Schück, *Aldus Manutius*, p. 12.

(2) Pontan., *Opera*, Lyon 1514; pp. 171-172; cfr. Burckhardt, *La Rinascenza italiana*, trad. francese dello Schmitt, Parigi 1885; I, p. 241 e nota 1.

(3) Aeneas Silv. Piccolom., *Opera*, Basil. 1571; pp. 450-451.

non ci facciamo mallevadori della veridicità del Piccolomini in questa narrazione, ma teniamo conto del sentimento, di che fa splendida testimonianza. E allora possiamo imaginare il romore che deve avere menato il Poliziano, « eius gentis (graecae) ingeniis infestus » (1), del trionfo ottenuto sul greco Calcondila, il quale dovette ritirarsi dall'insegnamento e più tardi da Firenze, quando vi professava il Poliziano, che oscurò e mise a tacere il rivale (2). E il Poliziano che delle proprie lodi non è mai parco a se stesso, se ne gloria in una lettera al re Mattia. « Questo solo dirò, che io professo da parecchi anni lettere latine con gran plauso, come tutti sanno; e non basta, ma anche lettere greche alla pari coi Greci, il che non so — mi si perdoni l'audacia — se sia toccato a nessun altro Latino da mille anni a quest'oggi » (3).

E i Greci non la perdonarono mai al Poliziano, che non osando attaccarlo vivo, lo calunniarono in mille modi dopo morte: « nam fumantem vivi leonis nasum nemo impune tetigit », dice il Barth (4).

Fra gli autori latini il più stimato dagli umanisti italiani e il più osteggiato dai Greci era Cicerone. Il Petrarca, che nel profferire un giudizio sulla preminenza di Cicerone o Demostene si tenne di solito riservato, lo disse poi chiaramente nel *Trionfo della Fama:*

> Quest' è quel Marco Tullio, in cui si mostra
> Chiaro quant' ha eloquenza e frutti e fiori.
> . . . .
> Dopo venia Demostene, che fuori
> È di speranza ormai del primo loco,
> Non ben contento de' secondi onori (5).

Il Boccaccio, seguendo ed esagerando, com'era suo costume,

---

(1) Iovius, *Elogia*, 28.
(2) *Ibi*, 38, 29.
(3) Meiners, *Lebensbeschreibungen* etc. Zürich 1795-1797; II, pp. 121-122.
(4) *Ibi*, p. 177.
(5) III, 19-24.

i giudizi del Petrarca, ripeteva con Valerio Massimo, che Cicerone superò tutti gli oratori antichi e oscurò la gloria di Platone, Eschine, Demostene. E già Seneca diceva che in Cicerone Roma rivaleggia con la Grecia e la vince. Brunetto Latini lodava Cicerone come il più grand'oratore del mondo, *li miex parlans hom du monde,* e un grammatico contemporaneo del Petrarca e da esso citato lo chiamava il dio dell'eloquenza (1).

Dietro queste considerazioni sarà più agevole intendere l'interesse e l'accanimento che posero gli umanisti nella celebre e pur tanto infruttuosa — come troppe altre — questione sull'ἐντελέχεια aristotelica. La suscitò l'Argiropulo, bizantino, il più dotto forse fra i Greci venuti in Italia, ma bisbetico, vanitoso, intrattabile e troppo famoso come bevitore e mangiatore (2), il quale, per dare sfogo alla sua smania di mordere, attaccò un giorno l'autorità di Cicerone, sdegnatosi che avesse scritto che la lingua greca è più povera di vocaboli della lingua latina: « nos non modo non vinci a Graecis verborum copia, sed esse etiam in ea superiores » (3); e volle dimostrare, per rivendicare il dovuto onore ai Greci, che Cicerone era un asino (4), e che ignorava non solo la filosofia, ma anche la lingua greca. L'assunto era un po' difficile a provare, ma l'Argiropulo colse Cicerone veramente in fallo, sull'interpretazione della ἐντελέχεια aristotelica, che Cicerone confuse con ἐνδελέχεια, spiegandola perciò come una *continuata motio* (5); dovechè ἐντελέχεια, dice l'Argiropulo, significa *perfectio, consummatio*. Del medesimo parere dell'Argiropulo è il Filelfo (6), suo grande ammiratore.

---

(1) Hortis, *Studi sulle opere latine del Boccaccio*, Trieste 1879; pp. 441-442.

(2) P. Iov., *Elogia*, 27.

(3) *De finibus*, III, 2, 5.

(4) P. Iov. *Elogia*, 27.

(5) *Tusculan. disp.*, I, 22.

(6) Philelph., *Epist.*, Venezia 1502, p. 264 e 94. — Del resto sull'ἐντελέχεια o ἐνδ. si scrivono dissertazioni ancora oggidì; cfr. *Jahresbericht für Alterthumswiss.*, XIII, Jahrg. 1885, Heft I, Abth. I, pp. 7 sgg.

Il Poliziano fece una vivace difesa di Cicerone (1), mostrando con le testimonianze di stima rese all'autorità di Cicerone dagli antichi, quale temerità fosse attaccare un sì grand'uomo. Quanto alla questione del δ o del τ nella parola ἐντελέχεια non potersi decider nulla, per il cattivo stato in cui sono i codici di Aristotele; e quanto all'interpretazione della parola, se Cicerone avesse voluto darle una nuova significazione, chi gliene farebbe colpa, uomo dotto e autorevole com'era? Del resto Cicerone conosceva tanto il greco, ch'egli ha saputo trovare che qualche parola latina, p. es. *convivium*, esprime meglio l'idea della corrispondente greca συμπόσιον e che di qualche altra, come *ineptus*, i Greci non hanno affatto la corrispondente.

Ma al Poliziano più che la difesa particolare di questa accusa, sta a cuore la questione generale, che è questione di nazionalità: « vix dici potest quam nos aliquando, idest latinos homines, in participatum suae linguae doctrinaeque non libenter admittat ista natio (graeca). Nos enim quisquilias tenere litterarum, se frugem; nos praesegmina, se corpus: nos putamina, se nucleum credit ». E si sdegna nel pensare al tempo ch'egli era scolaro dell'Argiropulo, quando accoglieva religiosamente come oracoli tutte le scempiaggini che colui gli contava. Ora però che se ne è accorto, mette in sull'avviso tutti i latinisti: « meas esse partes et item cuiuscunque latini professoris existimavi Ciceronis gloriam, *qua vel maxime contra Graecos stamus*, etiam vice capitis omni contentione defensare ». Più tardi, nel maggio del 1494, il Poliziano ne scriveva in proposito a Pico della Mirandola (2), a cui domandava il proprio parere sul modo di scrivere la parola ἐντελέχεια. E prima ne avea scritto anche ad Ermolao Barbaro, al quale questa parola rubava i sonni e che sul modo di scriverla opinava che la forma originaria fosse col δ e che nell'attico poi assumesse il τ (3).

---

(1) *Miscellanea*, 1.

(2) POLITIAN., *Epist.*, XII, 1.

(3) *Ibid.*

Trattò la questione poi in favore dell'Argiropulo il Budeo (1), il quale dice del Poliziano che combattè l'Argiropulo « magis ut se ostentaret, quam causae fiducia fretus ». Contro il Budeo lottò Francesco Florido (2). Il Florido divide in due la questione. Prima dimostra che ai Greci mancano, secondo il giudizio di Cicerone, alcune parole che hanno i Latini, come *ineptus* e *innocens;* e si ride di tutte le parole greche che il Budeo tentò di sostituire a quelle due latine cioè ἀνάρμοστος, ἀπειρόκαλος. ἀπίθανος, σκαιός, μάταιος, ἀφυής, ἀπεοικός a *ineptus;* ἄκακος, εὐγνώμων, ἐπιεικής, ὅσιος, καθαρσεύων a *innocens*. E seguita, adducendo esempi di Cicerone, a dimostrare che i Latini certe idee le esprimevano meglio dei Greci, come *insania* meglio che μανία, *furor* meglio che μελαγχολία (3), *aegritudo* meglio che πάθος (4), *divinatio* meglio che μαντική (5). Passa quindi alla questione dell'εντελέχεια, ma tenendo altra via dal Poliziano, il quale si era accontentato di lasciare la questione in dubbio per la forma della parola, accordando a Cicerone il diritto di dare a quel vocabolo un diverso significato. Il Florido pare più sicuro della propria causa e vuol provare al Budeo che Cicerone ha benissimo interpretato la parola e che ἐντελέχεια non è altro che la forma attica di ἐνδελέχεια.

Da ultimo la questione dell'*ineptus*, dell'*innocentia* e dell'ἐντελέχεια fu trattata anche da Cesare Scaligero in una lunghissima lettera e che pure non è intera (6). La lettera è divisa in tre parti: nella prima discute minutamente i vari significati delle parole *aptus, ineptus* e delle corrispondenze greche, che furono proposte. Nella seconda in riguardo della parola *innocentia*, di cui i Greci non hanno la corrispondente, sciorina una lunghissima serie di vocaboli latini, di cui il

---

(1) *De Asse*. Venetiis 1522; I, pp. 9-12.
(2) *Apologia ling. lat.*, pp. 65-67: 71-75.
(3) *Tuscul. disp.*, III, 11.
(4) *Ibi*. III. 7.
(5) *De divinat.*, I, 1.
(6) IUL. CAES. SCALIG.. *Epist. et oration.*, Lyon 1600; pp. 413-475.

greco non possiede gli equivalenti. La terza, che dovea trattare dell'ἐντελέχεια, è quella appunto che manca. Lo Scaligero conosce la questione come fu dibattuta dall'Argiropulo, dal Poliziano, da Ermolao Barbaro e dal Budeo; ma non mostra di conoscere l'articolo del Florido.

I detrattori di Cicerone erano, come abbiamo veduto, i Greci. con a capo l'Argiropulo; Teodoro Gaza ci aveva anche la sua parte (1), e con lui Giorgio da Trebisonda, il Marullo e il Musuro, « quibus invisus est Cicero », come dice Erasmo (2). Giano Lascaris avea pure composto tre epigrammi contro Cicerone (3) per vendicarsi dell'aver egli detto nelle sue *Tusculane* (4) che i Romani furono più originali dei Greci, e due contro Vergilio (5), a cui non sapea perdonare di avere scritto: *crimine ab uno disce omnes;* e *timeo Danaos et dona ferentes* (6).

Coi detrattori greci fecero causa comune gli stranieri e si è già veduto il francese Budeo difendere l'Argiropulo. Il Budeo avea inoltre affermato che i Latini aveano preso tutto dai Greci e che mancavano d'ogni originalità (7). A questo bisogna aggiungere l'inglese Paceo, che nell'opera *De doctrinae fructu* pone, riguardo all'originalità, parimenti i Romani assai al disotto dei Greci, specialmente nella storia, nella filosofia e nell'eloquenza (8).

Tanto più dunque gli Italiani sentono che la difesa è proprio una questione di nazionalità. Così la intese il Poliziano, così il Pontano, ma più di tutti il Florido, il quale, mentre difende l'accusa parziale dell'Argiropulo contro Cicerone, mette insieme tutte le altre accuse contro i Romani e fa addirittura la difesa della lingua latina contro la greca, tirando in campo anche due antichi, Plutarco e Macrobio, quello perchè nel suo giu-

---

(1) Polit., *Miscellan.* 1.
(2) *Ciceronianus*, Napoli 1617, p. 113.
(3) Florid., *Apologia*, pp. 63-65.
(4) *Tuscul.*, I, 1.
(5) *Apologia ling. lat.*, pp. 80-86.
(6) *Aen.*, II, 65, 49.
(7) Florid., *Apologia*, pp. 76-79; cfr. *Lectiones succis.*, p. 215.
(8) Cfr. *Lectiones succis.*, p. 130.

dizio su Cicerone gli nega ogni serietà, abbassandolo al livello quasi di un istrione; questo per i suoi sciocchi confronti tra Vergilio ed Omero; a cui però scusa tante strampalerie, perchè quando le scrisse era ubbriaco (1). Contro Macrobio avea già prima menata la sferza il Pontano nel dialogo *Antonius* (2); il Pontano lo chiama crasso ingegno, insulsissimo, cane abbaiatore e lo manda a scuola a imparare il latino, giacchè sono barbare le forme: *in digeriem concoquere; in memoriam atque in ingenium ire; in incrementum succrescere; tale praesens hoc opus volo; noscendorum congeriem polliceri* e simili altre, di cui condisce i suoi *Saturnali*.

La difesa della lingua latina del Florido si risolve, com'è naturale, in un'apologia di Cicerone e di Vergilio, che sono i due più grandi rappresentanti della letteratura romana e quindi i più assaliti dai partigiani della letteratura greca. Voglio recare un saggio della difesa di Vergilio contro Giano Lascaris, che lo accusava di parzialità, perchè nel suo poema trattò male i Greci: *timeo Danaos et dona ferentes.* Il Florido mostra che veramente i Greci furono di mala fede e cita p. es. i loro storici che si fecero spacciatori di tante favole. Omero, se mai, s'avrebbe a dire parziale, il quale rappresenta i suoi eroi greci, Achille, Aiace e gli altri, di tanto superiori ai troiani, dovechè Vergilio fa che Turno, che è italiano e quindi suo connazionale, tremi davanti ad Enea che è straniero (3). — Questo a titolo di sola curiosità; come a titolo di curiosità reco il confronto istituito dal Florido tra Vergilio ed Omero: « Virgilius in hoc est Homero inferior quod antiquissimus hic vates posteris scribendorum poematum normam praefixit eamque ob causam melius de litteris quam quivis alius cuiuscunque ordinis scriptor meritus est. In reliquis Homerus inventione, Virgilius cura iudicioque vincit; eruditio, elocutio aliaeque tam poeticae quam oratoriae virtutes in utroque pares sunt » (4).

---

(1) FLORID., *Apologia*, pp. 56-62 e 86-95.

(2) Venetiis 1519, pp. 79-83.

(3) *Apologia*, pp. 80-86.

(4) *Ibi*, p. 100.

IV.

Sui giureconsulti antichi e sui glossatori medievali.

Nel periodo del Rinascimento gli umanisti e i giuristi, appartenendo ad un indirizzo troppo diverso, non potevano trovarsi d'accordo. Gli umanisti, entusiastici ammiratori e riproduttori dell' elegante forma antica, doveano naturalmente guardare con disprezzo i giuristi che si perdevano in quel caos di suddivisioni, distinzioni, sottodistinzioni delle glosse, scritte in un latino affatto barbaro; e i giuristi alla lor volta, superbi della loro importanza nella vita pratica e delle ricchezze che accumulavano con l'esercizio della loro professione, guardavano d'alto in basso quei vanagloriosi letterati, che mal pagati dai principi, si pascevano di belle frasi e di vuoto entusiasmo. Erano due classi di persone che rimasero estranee l'una all'altra e che quindi si disprezzavano reciprocamente, senza conoscere quello che di buono vi era realmente negli uni e negli altri. Aggiungasi che più o meno quasi tutti gli umanisti erano stati da principio avviati dai loro genitori — naturalmente contro genio — a studiare giurisprudenza, la quale come la medicina arricchiva, dove che le lettere impoverivano o, come diceva il motto d'allora in voga, la medicina e la giurisprudenza davano i grani, le altre discipline davano la pula:

Dat Galenus opes, dat sanctio iustiniana;
ex aliis paleas, ex istis collige grana.

Quegli umanisti pertanto, liberatisi dalla scuola di giurisprudenza e accostatisi alle lettere, serbavano verso lo spettro giovanile un po' di rancore, che sfogavano contro i giuristi, appena se ne fosse offerta l'occasione. Contro i giuristi scrissero il Petrarca, il Boccaccio, il Bruni, Poggio. Perfino Enea Silvio Piccolomini tirò la sua pietra, il quale in una lettera a Guglielmo de Lapide (1) racconta di un tal Michele, giurista impertinente, che per quattro ore lo intronò con un panegirico della sua scienza. Enea li chiama gente materiale, sciocca e matta, e riporta l'aneddoto di un Polini milanese, dottor di giurisprudenza, che facendo riparare dai muratori una sua casa, mandatili all'ora di cena a mangiare, egli si mise a misurare le travi preparate per terra e trovatele oltrepassare la distanza da una parete all'altra, ne segò via il di più, non preoccupandosi come si sarebbero poi incastrate nel muro. Ma nessuno attaccò i giuristi di proposito e accanitamente come il Valla, il gran battagliero di quell'età (2).

Mentr'era a Pavia, verso il 1431, un giurista gli espresse l'opinione che fosse da preferire Bartolo a Cicerone, rinfacciando ai letterati di curarsi più delle parole che del contenuto, più delle foglie che del frutto (3). E il Valla in una notte, senza aspettar tempo, scrisse un'invettiva contro Bartolo e il suo libro *De insigniis et armis*, insolentendo contro lui e tutti i glossatori famosi suoi pari, chiamandoli oche, ma non di quelle che custodivano il Campidoglio, bensì di quelle che schiamazzano per la via, dando noia ai passeggeri (4); e istituendo un confronto tra Servio Sulpicio e Bartolo, così conchiude, scherzando sul doppio senso della parola *ius:* « ille non tam iuris consultus, quam iustitiae fuit; hic non iustitiae, sed *iuris*, hoc est *brodii* consultus est » (5).

Anche nelle *Eleganze* (6) egli attacca i giuristi e i glossatori, vantandosi di sapere scrivere in tre anni delle glosse al *Digesto* più utili di quelle dell'Accorsi; frase che arieggia quella di Cicerone, il quale per scherzo si vantava di poter, se vi si fosse applicato, diventare giureconsulto in tre giorni (7).

---

(1) *Opera omnia*, Basil. 1571, p. 619.

(2) Voigt. II, pp. 482-491.

(3) Valla. *Lucubrationes* etc.; Lyon 1532, pp. 789-791.

(4) Valla. *ibi*, p. 788.

(5) *Ibi*, p. 801.

(6) *Praefat. libri* III.

(7) Cfr. Ambr. Travers., *Epist.*, ed. Mehus, V, 18.

Ma mentre morde acremente i glossatori, è largo di lodi ai giureconsulti antichi per l'eleganza della loro lingua. In questa distinzione fra glossatori e giureconsulti antichi, che già si trova netta e chiara nel Traversari (1) e in Maffeo Vegio (2), il Valla si mette un poco dalla parte della ragione, perchè in realtà gli umanisti generalmente diceano male della giurisprudenza senza conoscerla; e il Valla lesse il *Digesto*. Lo lesse, ma non con intendimenti scientifici, bensì con intendimenti letterari, anzi grammaticali; il che fa meritare in parte anche a lui quello che dissero i giuristi, e di allora e posteriori, agli umanisti, che cioè prima di sentenziare tanto sicuramente contro la giurisprudenza, avessero avuto la compiacenza di studiarla e impararla. Frutto della lettura del *Digesto* fatta dal Valla sono gli esempi, ch'egli qua e là cita dai giureconsulti antichi nelle sue *Eleganze*, e una polemica contro di loro, che riguarda la significazione e l'uso di una trentina di vocaboli e che occupa l'ultima parte del sesto libro dell' *Eleganze* stesse (3). Ecco come si introduce a questa polemica: « Iustiniani pace, sive Trebelliani et sociorum, nam Iustinianus nec iura nec forsitan latinas litteras novit ».

A difendere i giureconsulti antichi dagli attacchi del Valla sorse il famoso Andrea Alciati, il quale si studiò di dimostrare nel suo libro *De verborum significatione* (4) false tutte le osservazioni che il Valla avea fatte sull'uso di quelle parole dei giureconsulti.

Da queste polemiche è nato nel secolo XVI un libro molto noto allora, adesso dimenticato, di Francesco Florido, intitolato: *De iuris civilis interpretibus*. Il libro si divide in due parti; nella prima il Florido difende i glossatori e qui combatte contro il partito del Valla; nella seconda invece fa l'apologia del Valla contro l'Alciati. Vediamo un po' particolarmente il contenuto del libro, che non è dei meno

---

(1) Travers., *Epist.*, V, 18.

(2) Prefazione al *De verbor. significat.*, *Cod. Ambros.*, H 50 inf. (cfr. Sassi, *Hist. typ. lit. mediolan.*).

(3) VI, §§ 35-64.

(4) Cap. IV.

caratteristici di quei tempi. Le fonti della prosperità di uno stato, comincia il Florido, sono le arti della guerra e la legislazione; e nelle une e nell'altra furono sommi i Romani. Toccato della superiorità dell'arte militare romana, viene alla legislazione, di cui tesse in breve la storia, dalle costituzioni regie e delle dodici tavole agli editti dei pretori, ai giureconsulti della repubblica e dell'impero (pp. 123-125); finalmente a Giustiniano, che. ignorante com'era, commise d'accordo con Triboniano quella scelleraggine, quel sacrilegio della compilazione del diritto civile, la quale fu causa che si perdessero le stupende opere dei grandi giureconsulti romani (pp. 125-126). Passa quindi a parlare dei glossatori, dall'Accorsi, da Bartolo e da Baldo, giù giù fino a Paolo Castrense, ad Alessandro da Imola, a Francesco Aretino e altri e si intrattiene lungamente e di proposito a difenderli, specialmente l'Accorsi e Bartolo, dalle accuse che loro lanciavano i suoi contemporanei, perchè la lingua di quei glossatori era barbara. Barbara sicuro, dice il Florido, ma bisogna tener conto dei tempi in cui scrissero; del resto di barbarie oggi non se ne sente solo nelle scuole di giurisprudenza: entrate nelle scuole di filosofia e sentirete che mostruosità di parole, entrate nelle scuole di teologia e vi vedrete leggere non Girolamo e Agostino, ma Occa e Capreolo, entrate in una scuola di latino e udirete forse spiegare non Cicerone e Vergilio, ma la grammatica di Antonio Nebrissense o di Despanterio Ninivita (pp. 127-128). E seguitando di questo passo, viene a provare anche la barbarie di Triboniano, di cui esamina questo periodo del proemio ai *Digesti:* « Imperatoriam maiestatem non solum legibus armatam sed etiam armis decoratam esse decet », spendendo cinque pagine (pp. 130-134) a dimostrare che nè le parole, nè le locuzioni sono latine e appropriate.

Tornando alla difesa dei glossatori, per mostrare di che pelo siano i loro detrattori, prende l'esempio di Giovanni Ferrari, che volendo correggere un errore dell'Accorsi, ne commette uno più grave (pp. 135-136). Del resto, conchiude il Florido, che si bandisca da ogni disciplina la barbarie, io l'approvo; ma nelle leggi è forza fare un'eccezione, perchè se in ogni altra disciplina abbiamo autori classici latini che bastano al bisogno, questo non possiamo dire delle leggi, nello studio delle quali ci sono necessarie le dotte glosse dell'Accorsi, di Bartolo: che se non sono autorità inappellabili, sono autorità somme e allo studio di essi non bisogna accostarsi se non dopo una matura preparazione. E mi muovono a sdegno quei presuntuosi che si credono, quando sanno quattro acche di latino, di potersi applicare allo studio delle leggi, quasi fosse cosa da gioco. Invece si preparino bene e poi si accostino rispettosamente alle leggi e se riusciranno a dar forma classica latina ai libri dell'Accorsi e di Bartolo, impresa del resto molto ardua. avranno fatto opera eccellente (pp. 137-138).

La seconda parte del libro è più uniforme e meno interessante. Sono sessanta pagine (pp. 138-198), nelle quali il Florido difende le censure del Valla ai giureconsulti contro l'apologia dell'Alciati. Sono esaminate una per una tutte le parole discusse; per ognuna di esse il Florido reca prima esattamente il passo del Valla, indi la confutazione dell'Alciati, finalmente la propria difesa, nella quale egli spesso aggiunge esempi nuovi. Il libro finisce con un'invettiva contro Udalrico Zazio, che s'era pure dichiarato contro il Valla per le sue annotazioni ai giureconsulti. Il Florido dimostra che lo Zazio scrive barbaramente (pp. 202-206).

V.

Se si possano leggere i poeti antichi.

Ecco una delle più famose questioni suscitatasi da quando incominciò il rinascimento dell'arte e della poesia antica, alla quale subito mosse guerra la chiesa e sopratutto il monachismo; si può dire anzi che passò tutto il periodo abbastanza lungo del Risorgimento e la questione non venne definitivamente risoluta. Ogni umanista si sentiva ripetere la solita cantilena, che la poesia antica è spacciatrice di frivolezza, di falsità, di favole, è dannosa alla morale, è raffreddatrice della fede cristiana; e doveva adoperare o i soliti argomenti vecchi, o almanaccarne qualcuno di nuovo per mettere a tacere quelle querimonie monacali: con la certezza che nessuna delle due parti litiganti avrebbe persuaso l'altra e che la questione si sarebbe tosto dopo rinnovata. Io mi restringerò pertanto a pochi cenni.

Già uno dei precursori del Risorgimento, Albertino Mussato, avea difeso la poesia con nove argomenti contro un frate (1). Il Petrarca poi, il vero restauratore della poesia, dovette più di una volta nella sua vita ritornare su questo tema. Egli oppone agli argomenti degli accusatori un Girolamo, un Lattanzio, un Agostino, che si dilettarono di poesia e che senza studiare gli scrittori pagani non avrebbero potuto combattere vittoriosamente la loro religione. Del resto le similitudini di Cristo nel Vangelo che altro sono se non una forma allegorica della poesia? Starei per dire, soggiunge il Petrarca, che la teologia è la poesia di Dio (2). Ma il Petrarca era troppo sicuro di sè, era troppo superiore ai suoi accusatori, per abbassarsi ad intraprendere una difesa seria e ragionata della poesia; gli bastava di accennare, di ricambiare col disprezzo le nenie dei frati. Una vera e ampia difesa della poesia intraprese il Boccaccio, alla quale egli consacrò tutto il libro XIV della sua *Genealogia*. I nemici ch' egli combatte sono i giuristi e i monaci. Contro i giurisperiti (XIV, 4) egli fa valere queste ragioni, che i poeti, quantunque poveri, furono e saranno eternamente tenuti in grand' onore, dovechè i giuristi con tutte le loro ricchezze vivono senza gloria; che inoltre i poeti considerando per quello che veramente sono i beni mondani, vivono in un aere sereno e puro, felici nella contemplazione dell' arte e per nulla ansiosi di perdere quell' oro che i giuristi apprezzano e bramano tanto. Contro i filosofi e i teologi e i monaci, che senza essere mai entrati più oltre il limitare della vera filosofia, se ne fanno gli spacciatori e vanno girando, ipocriti, sotto abito onesto, con passo

---

(1) A. Zardo, *Albertino Mussato*, Padova 1884, pp. 302-310.
(2) Voigt, I. p. 29.

tardo e in atto di distrazione contemplativa, a illuminare il mondo e a mettere in discredito la poesia (5), contro costoro il Boccaccio ragiona così: Voi chiamate inutile e vana la poesia: ma essa è una vera facoltà, nata come le altre discipline dal grembo di Dio, e che nel mondo antico si fece banditrice di civiltà (6-7); voi chiamate i poeti spacciatori di favole e non considerate che la favola non è altro che un velo, che copre delle sublimi e utili verità (9-10); voi fate colpa ai poeti di amare la solitudine e i boschi e di essere quindi privi di civiltà e di costume e non pensate ch' essi nel silenzio meditano però seriamente le loro opere e che la natura nuda e semplice eleva la loro mente al cielo; che se fuggono la città e le genti, lo fanno « perchè ricusano comprare, come voi, la grazia e le lodi dell' inerte volgo con la vergognosa e deforme ipocrisia, non si curano di essere mostrati a dito dagli ignoranti, rifiutano di domandare e desiderare dignità, sdegnano di camminare per i palazzi reali e diventare adulatori dei grandi per acquistare qualche beneficio, o per soddisfare meglio al loro ventre e godersi l' ozio, nè stanno dietro alle donnicciuole per trar loro dalle mani qualche danaro, onde acquistar con inganno quello che non possono coi meriti (11). » Voi ci dite che i poeti sono astrusi; e che forse i filosofi, che voi tanto portate alto, sono meno astrusi dei poeti? e lo Spirito Santo ha parlato sempre chiaro? e i sacri testi si decifrano al primo leggerli? Il vero è che a « snodare quei dubbiosi groppi bisogna leggere, affaticarsi, vegliare, interrogare » e non contentarsi di una boriosa ignoranza, come voi costumate (12). Chiamate bugiardi i poeti e spacciatori del politeismo, ma essi parlano per via di finzioni, chè questa è la essenza della poesia, senza intenzione di ingannare, ma sì invece di insegnare; sono politeisti, ma chi gliene può far colpa, se non conobbero Cristo? ma poi in fondo in fondo la credenza in un solo Dio si trova anche in loro (13). Rimproverate ai poeti di essere lascivi e di rappresentar Giove sotto tante forme diverse: quanto alla prima di queste accuse non dovete dimenticarvi che sotto quelle apparenze lascive si celano utili e savi ammaestramenti; e quanto alla seconda, che anche nella bibbia Dio è descritto sotto vari aspetti e che la Vergine si onora sotto un gran numero di titoli diversi (14). Dite che i poeti sono eccitatori al peccato; ma questo dimostra che non li avete mai letti, perchè nella sola Eneide di Vergilio vi è da imparare una folla di virtù e di azioni e di massime generose (15). — Finalmente il Boccaccio mostra che non è peccato leggere i poeti, perchè anche vi si imparasse il male, peccato non è sapere il male, ma l'operarlo; e che se si possono leggere i libri dei filosofi, non esenti di errori, e i fatti dei barbari e le perfidie degli eretici, senza commettere peccato, si può senza peccare leggere anche i poeti. L'autorità di Girolamo che chiamò i versi dei poeti cibo dei demoni, tanto dagli avversari citata, non aver valore, perchè dalle opere di Girolamo consta ch'egli stesso era lettore assiduo dei poeti (18). Nè aver valore l'autorità di Platone, che bandiva dalla sua repubblica i poeti, giacchè si deve intendere ch'egli bandiva gli scostumati, come sarebbero Plauto e Terenzio e Ovidio, ma non mai i poeti come tali (19). Per mostrare dove arrivasse in quella gente l'odio contro i poeti, il Boccaccio racconta che mentre leggeva nello studio pubblico il Vangelo di S. Giovanni, essendosi incontrato nella parola *poeta*, un vecchio venerabile per santità di costumi e anche d'una certa dottrina, « con la faccia accesa, con gli occhi infiammati e con più alta la voce del solito, tutto tremando, disse cose scellerate dei poeti. » Alla fine giurò che non avea veduto nè mai voluto vedere libri di alcun poeta (15).

Anche il Salutati difese la poesia dalle accuse di fra Giovanni di San Miniato, il quale avea chiamato vanità delle vanità le dolci attrattive dei pagani, e che in bocca di un cristiano esse erano peccato e la peste dei costumi. Erano le accuse ribattute dal Boccaccio, ma il Salutati adoperò più virulenza del Boccaccio nella sua apologia, nella quale provava che anche la bibbia si serve dell'allegoria come i poeti, che i sensi riposti della poesia antica combinavano mirabilmente con la verità teologica e che la bibbia contiene oscenità e mostruosità come i poeti antichi (1).

---

(1) Voigt, *Wiederbelebung*, I, pp. 208-209.

Contro un altro frate, Giovanni da Prato, ebbe da litigare, già ottuagenario, Guarino. Nel 1450 Giovanni da Prato faceva il quaresimale in Ferrara, e avendo inteso che Guarino leggeva anche in quei giorni Terenzio coi suoi scolari, si scagliò nelle sue prediche contro i lettori, i possessori, i compratori e i rivenditori degli scrittori antichi, ma più specialmente di Terenzio. Guarino gli mandò una lettera, dove coi soliti argomenti che già conosciamo difendeva i poeti. Il frate gli rispose dimostrandogli che la teologia è la prima delle scienze e insistendo nel respingere i poeti lascivi. E la disputa finì lì (1).

Il Valla pure si fermò a ribattere minutamente il fatto di Girolamo, che i nemici degli studi classici tiravano sempre in campo. Il Valla prova quanta coltura classica vi fosse in Girolamo e in generale in tutti i grandi luminari antichi della chiesa: Ilario, Ambrosio, Agostino, Lattanzio, Basilio, Gregorio, Grisostomo, i quali furono teologi eloquenti. E un teologo non eloquente, soggiunge egli, « in theologia impudentissimus est et, si id consulto facere se ait, insanissimus ». Indi seguitando con la sua solita arguta mordacità, fa questo confronto tra i teologi antichi e i moderni: « quei vecchi teologi quali api che volano anche per pascoli lontani, mi sembra abbiano fabbricato del dolcissimo miele e della cera con mirabile artificio; i moderni mi paiono formiche, che rubato il grano più prossimo che trovano, lo nascondono nelle loro celle; io quanto a me non solo preferirei l'essere ape all'essere formica, ma torrei meglio militare sotto il re delle api, che guidare un esercito di formiche » (2). Enea Silvio Piccolomini smascherando parimenti questi « qui videri magis quam esse theologi volunt », mostra l'insussistenza dei loro argomenti e che fecero più male alla chiesa i teologi con le loro brighe settarie che non i poeti (3).

Il pio Mancinelli rispose alle accuse contro i poeti antichi non con la discussione, ma con l'opera, e con un'opera veramente strana; compose cioè un libro intitolato *De arte poe-*

---

(1) Voigt, I, pp. 558-559. — La risposta del frate si legge nella *Bibliot. Estense di Modena*, Cod. 772, f. 70v.

(2) *Elegant. ling. lat. praefat. libri* IV.

(3) Aen. Silv. Piccolom., *Opera*, Basil., 1571, pp. 981-982.

tica, nel quale raccogliendo numerosi luoghi dei poeti classici dimostra che non solo essi non nuocono alla purità della dottrina cattolica, ma che anzi confermano tutte le massime dei dieci comandamenti e contengono la condanna dei sette vizi capitali. I passi sono ordinati comandamento per comandamento e per ogni vizio capitale.

Un articolo scrisse contro gli accusatori dei poeti anche il Florido (1). Asseriscono, dice egli, che negli antichi poeti si leggono sole menzogne, che gl'incauti, ingannati dalle attrattive della forma, prendono per verità; e recano l'autorità di Platone e di Girolamo. Ma Girolamo al contrario lesse molto i poeti; Platone li riprova solo sotto certe condizioni: del resto in che alto concetto non tiene egli Omero! I poeti antichi sono i primi luminari della civiltà e lo provano Orfeo e Anfione. Comunque però sia, noi non dobbiamo leggerli per trarne argomento di fede cristiana, ma per diletto: possiamo seguirli in quelle massime che s'accordano con la nostra fede. Spesso certe imagini sotto il velo allegorico nascondono verità sublimi. D'altra parte Giovanni Grisostomo leggeva avidamente Aristofane, che non è certo il più moderato fra i poeti. E quanti scrittori cristiani dalla lettura dei poeti antichi non han tratto argomento a confermare i dogmi della nostra religione! Infine, domanda il Florido, perchè vietano la lettura dei poeti e non dei prosatori, se anche questi ultimi sono pagani? e perchè molti autori cristiani hanno scritto in poesia?

Altrettanto e più chiaramente si esprime, dove difende il Pontano e il Sannazzaro dall'accusa di paganità mossa loro da Erasmo. Che importa se sia pagano o cristiano, se paganeggi o no chi scrive, purchè faccia opera d'arte? E se gli epigrammi del Pontano sono talvolta osceni, rispondo che gli epigrammi non dilettano, se non sono conditi d'una certa lubrica gaiezza. Quanto al Sannazzaro che nel poema sulla *Vergine* mischiò mitologia, il Florido soggiunge che quelle divinità, quei miti, quelle imagini pagane sono necessari abbellimenti della poesia e che chi vi rinunziasse, rinunzierebbe

---

(1) *Lectiones succis.*, III, 7.

all'arte. Conchiude che « conduntur poemata ut nobis cum delectatione prosint, non ut ex illis Christi praecepta discamus » (1).

Nè Cesare Scaligero, battagliero com'era, mancò di rompere la sua lancia contro gli accusatori dei poeti (2), ma se ne sbriga con poche parole e stizzosamente. I libri dei poeti alimentano la superstizione? ma senza superstizione non vi può essere religione. Nè i libri sacri sono più morali dei poeti: del resto tanto può essere nociva la poesia, quanto la storia.

Fra i poeti però ve n'era uno, Vergilio, che veniva risparmiato, perchè si aveva un alto concetto della sua onestà e il medio evo n'avea fatto un profeta di Cristo. Il Boccaccio (3) dimostra quanti ammaestramenti si ricavino dai fatti e dalle massime dell'Eneide. Enea che esorta i compagni a perseverare, che espone la vita per la patria, che salva sulle spalle il padre, la sua clemenza verso Achemenide, la risoluzione di rompere i lacci amorosi di Didone, la sua giustizia e liberalità verso gli amici e gli stranieri, la sua prudenza nel discendere all'inferno, gli eccitamenti alla gloria che sente da suo padre, la diligenza nel farsi degli amici, la fede nel conservarli, le pie lagrime versate su Pallante, gli ammonimenti che fa di quando in quando al figliuolo — tutto questo è scuola di moralità. « Veramente se Vergilio avesse conosciuto e adorato Iddio, nessun libro si potrebbe leggere più santo del suo ».

Eppure anche per Vergilio si facevano delle riserve. Nella disputa fra Guarino e Giovanni da Prato, Guarino gli domandava se Vergilio pure meritava di essere bruciato. Il frate gli rispose che Vergilio, considerato l'onore in che lo tenne Agostino, poteva eccettuarsi, a patto però di escludere la storia lubrica di Didone (4).

Ma la obbiezione che si faceva a questa storia al tempo del Boccaccio non era tanto di lubricità, quanto di falsità, perchè.

---

(1) *Ibi*, III, 6.

(2) I. C. Scalig., *Epist. et orationes*, Lyon 1600, pp. 409-413.

(3) *Geneal.*, XIV, 15.

(4) Voigt, I, p. 559.

dicevano i monaci, Didone fu casta e Vergilio la rappresentò violatrice della fede giurata al morto Sicheo. Non è così strana l'accusa, come è strana la difesa che ne fa il Boccaccio (1). Quattro motivi ragionevoli, egli dice, io trovo che indussero Vergilio a rappresentare in quel modo Didone. In primo luogo egli imitava l'*Odissea* e nell'*Odissea* il poeta comincia a un punto molto inoltrato dell'azione; indi fa approdare Ulisse al paese dei Feaci e ivi gli mette in bocca la narrazione delle avventure precedenti. Così dovea fare Vergilio; e quale luogo più opportuno di Cartagine poteva egli trovare, dove Enea ricevesse da Didone amichevole accoglienza? imperocchè fino allora Enea aveva navigato tra i nemici greci. Ivi dunque può Enea sicuramente narrare le sue precedenti avventure. In secondo luogo l'*Eneide* rappresentando la lotta della virtù contro le passioni umane, le lusinghe di Didone erano adattatissime ad allacciare la virtù d'Enea e quindi il poeta ha una bella occasione di mostrare la gloriosa vittoria dell'animo di lui. In terzo luogo Vergilio volendo glorificare i Giuli e Ottaviano, non poteva farlo meglio, che mostrando la continenza e la fortezza morale d'Enea. Finalmente intendendo Vergilio di magnificare nell'*Eneide* il nome romano, non potea adoperare mezzo migliore che mettendo in bocca di Didone quelle famose imprecazioni allusive alle guerre tra Cartagine e Roma, dalle quali l'impero e il nome romano uscirono più forti e gloriosi.

VI.

Su alcune questioni d'ortografia.

Ben presto gli umanisti si occuparono dell'ortografia latina, che non diede mai pace per quarantasei anni al Salutati, com'egli confessa (2). Niccolo Niccoli scrisse sull'ortografia

---

(1) *Geneal.*, XIV, 13.
(2) VOIGT. II, p. 378.

latina un opuscolo (1); tutti e due si occuparono specialmente dei dittonghi. Sull'ortografia scrissero anche Guarino e il Tortelli (2) e con molta lode il Barzizza, il quale compose un esattissimo dizionario ortografico, preceduto da un trattatello. Ma nessuno più genialmente del Poliziano si occupò di tali questioni, il quale ne tratta nelle *Miscellanee* (3) e nelle lettere (4), mostrando, con la scorta delle iscrizioni e dei codici più antichi, che si dovea scrivere *totiens, quotiens, cottidie* (5), *adulescens, intellego, Vergilius.* Io mi limiterò a dire qualche cosa sulla questione delle parole *mihi, lacrima* e *Vergilius.*

La questione del *mihi* è nata così. Un certo Antonio, grammatico, avea rimproverato a Leonardo Bruni di avere scritto *michi* e il Bruni gli rispose con la seguente difesa, che io compendio: Dante, il Petrarca, il Boccaccio, Coluccio hanno scritto *michi* e l'uso comune vuol così. Quelli che pronunciano *mihi* con l'aspirazione sono certi presuntuosi, che vogliono darsi aria di eruditi: « ostentare se volunt antiquarios esse »; a me invece sembrano giudei e caldei, i quali popoli parlano più con la gola che con la lingua e le labbra. E che anche i Romani seguissero non la ragione, ma l'uso, lo prova appunto l'avere scritto *mihi*, che per analogia con *tibi, sibi* avrebbe dovuto essere *mibi.* L'uso disapprova oggi quello che approvava ieri; gli antichi dicevano *pessume, decumus, siet, posiverunt, coeravit, faciundum* etc.; e noi invece *pessime, decimus, sit, posuerunt, curavit, faciendum* etc.; così l'uso « nostrae vel superioris aetatis » vuole che a *mihi* si frapponga un *c*, che i latini stessi frapponevano in *sicubi, necubi, alicubi.* Quello che dico di *mihi* ripetasi anche per *nihil* ». — Fin qui il Bruni. Il Barzizza nella sua *Orthographia* alla voce *nihil* osserva che è invalso l'uso di scriver questa parola col *c*, perchè la pronuncia comune ve lo fa sentire; ma l'uso dover cedere all'arte; tutt'al più per non offendere

---

(1) R. Sabbadini, *Guarino Veronese e il suo Epistol.*, Salerno 1885, p. 59.

(2) Voigt, II, p. 378.

(3) 77.

(4) V, 2-3.

(5) Cfr. p. es. *Epist.*, VII, 32.

troppo bruscamente le orecchie potersi pronunciare il *c* con una leggera aspirazione, ma doversi tralasciare assolutamente nella scrittura. Quel che si dice di *nihil* valga anche per *mihi*.

Il Pontano si prese poi la briga di ribattere minuziosamente e punto per punto tutto il ragionamento del Bruni. Comincia dal dire che l'autorità di Dante, del Petrarca, del Boccaccio, di Coluccio non vale, perchè di latino ne sapevano ben poco. Il Bruni chiama giudei e caldei quelli che pronunciano *mihi* con l'aspirazione: badiamo, dice il Pontano, che non sia un caldeo chi pronuncia *michi*, nel qual caso avremmo la consonante aspirata *ch* e il latino non ha consonanti aspirate, che sono proprie dei greci e dei barbari, ma solo vocali aspirate; erano poi giudei anche i Latini, che pronunciavano *vehemens*, *comprehendo*, *traho* etc.? Del resto sull'autorità dell'uso bisogna andar cauti e intendere per esso il consenso dei dotti: perchè il Bruni non seguì l'uso del volgo de' suoi tempi, che pronunciava *mici* e non *michi*? Nè i Latini nel foggiar la parola *mihi* seguirono l'uso, ma la ragione, e la ragione era di evitar l'iato: e per questo nelle parole *mihi*, *vehemens* etc., hanno inserito la aspirazione *h*. Quanto all'analogia che avrebbe dato *mibi*, come *tibi*, io non la vedo, perchè sia pure che fra i casi obliqui *mei mihi me, tui tibi te*, ci possa essere, ma fra i nominativi *ego* e *tu* non che analogia non ci è nemmeno somiglianza. L'esempio delle parole *pessume*. *decumus* etc., non vale, perchè altro è mutare una lettera, altro è aggiungerla, come in *michi*. Finalmente in *sicubi*, *necubi*, il *c* fu inserito per distinguere queste forme quando sono unite e quando sono separate.

Il Pontano del resto per spiegare l'origine della pronuncia *michi* ammette l'influenza dei barbari, i quali aspiravano troppo fortemente le parole *mihi* e *nihil* per l'influenza dell'*i*, in modo che ne nasceva un suono che pareva un *c*; coloro che non sapevano rendere quell'aspirata, pronunciavano come se veramente ci fosse un *c*. Lo stesso avviene per la parola *Mahomet*: che non potendo pronunciarla con l'aspirata, come gli Arabi, vi inseriamo un *c* e diciamo *Machomet* (1).

---

(1) PONTAN., *De Aspiratione*, II, 1.

Sull'ortografia di *lacrima* abbiamo una lettera di Francesco Filelfo a Pietro Pierleoni (1) del 1437. Il Pierleoni voleva sapere se *lachryma* si scrive con l'*h*. Risponde il Filelfo che « il latino non ha aspirazione, ma che l'uso ve la ha introdotta nella lettera *c*, per renderne più forte il suono, come in *inchoare*. *pulchrum*, *sepulchrum*, *lachryma*, quantunque *inchoare*, se si deriva da *chaos* (!), riceverebbe l'aspirazione dal greco. *Lachryma* nasce da δάκρυον; per lo scambio dei suoi *d*, *l* si confronti μελετᾶν e *meditari*. Gli antichi scriveano anche *lachruma*, non per analogia con *optumus*, *maxumus*, che diventarono poi *optimus*, *maximus*, ma per una corrispondenza molto frequente di suoni tra il latino e il greco, come *fuga* φυγά, *tu* τύ, *mus* μῦς, *sus* ὗς. Ma allora perchè *lachryma* aspira e δάκρυον no? Non farà meraviglia a chi confronti ἄγκυρα *anchora*, τρόπαιον *trophaeum*, πύθιος *phythius*, ὅρκος *horcus*, λαρκός *lurcho*. L'aspirazione si trova talvolta anche nelle vocali, come *mihi*, *ahenum*, *hallucinari*, *honus*, *helluo* ».

Quanto a *Vergilius*, il Poliziano sosteneva questa forma, appoggiandosi alle iscrizioni e ai codici più antichi (2) e derivando il nome da *vergiliae*, o da *ver*, e non da *virga laurea*, l'alloro, come faceano altri, perchè molti prima che nascesse Vergilio portarono il medesimo nome. Il Landino, maestro del Poliziano, accettò la lezione *Vergilius* (3), ma non la accettò Bartolomeo Scala, che ne scrisse al Poliziano (4), affibbiandogli la derivazione di questo nome da *vereri*. Il Poliziano gli risponde (5) ch'egli non avea mai sognato una simile etimologia e che tutti i suoi conoscenti aveano accolta favorevolmente la nuova lezione. Ma alcuni, anche di molto posteriori al Poliziano, non l'accettarono e io cito qui il Florido, che non si può indurre a scrivere *Vergilius*, solo perchè così si legge in una lapide (6); il Florido però, quando scri-

---

(1) Fr. Philelph., *Epist.*, ed. Meuccius, Firenze 1743, II, 31.
(2) *Miscellan.*, 77.
(3) Politian., *Epist.*, V, 3.
(4) *Ibi*, V, 2.
(5) *Ibi*, V, 3.
(6) *Lectiones succis.*, I, 6.

veva questo. non dovea avere presente l'articolo del Poliziano, il quale non si appoggia a una sola iscrizione. Inoltre si schierò contro il Poliziano Celio Rodigino (1), il quale tiene *Virgilius*, perchè così trova scritto questo nome presso i Greci, p. es. nel commento d'Eustazio al 2° dell'Iliade e negli epigrammi greci dell'Antologia; così lo trova scritto anche presso Cecilio Minuziano che lo fa derivare da *virgis, inter quas sit natus*; e presso Calvo in quel verso:

Et vates cui *virga* dedit memorabile nomen
laurea.

Aggiunge a questi l'autorità di Prisciano; nè lo persuade del contrario il veder citata da Minuziano l'altra opinione, che fa derivare il nome *Vergilius* da *vergiliae*.

VII.

Sull'allegoria dei poeti, specialmente di Vergilio.

Il medio evo si era molto dilettato di allegoria, specialmente riguardo a Vergilio, che fra tutti i poeti antichi era rimasto sempre anche in quei tempi oscuri il più caro e il più noto. Le allegorie vergiliane furono raccolte in un sol corpo da uno dei più strampalati scrittori che registri la storia letteraria, Planciade Fulgenzio, nel suo libro intitolato *De continentia vergiliana*, cioè del contenuto vergiliano: libro maestrevolmente esaminato dal Comparetti (2). I fondatori della Rinascenza, il Petrarca e il Boccaccio, preceduti in ciò da Dante col suo poema allegorico, furono partigiani passionati dell'allegoria. Per il Petrarca l'allegoria è l'essenza della

---

(1) *Lectiones antiquae*, VII, 4.
(2) *Virgilio nel medio evo*, I, 8.

poesia: « è opera del poeta rivestire la verità di un bel velo. in modo ch' ella rimanga chiusa al volgo ignorante, non al lettore illuminato e dotto, il quale fatica sì a scoprirla, ma tanto più gli riesce dolce, quando l' ha trovata (1). E sempre nelle egloghe e spesso negli altri componimenti sia in prosa che in poesia egli cela le sue allusioni politiche e i suoi più gelosi sentimenti sotto il velo allegorico (2).

Partigiano dell'allegoria è anche il Boccaccio, il quale ritiene matti e ridicoli coloro che non ammettevano che sotto alle favole dei poeti antichi si celasse un senso profondo e dichiara d' aver composto egloghe, del cui sentimento egli solo è consapevole (3). Lo stesso dicasi del Bruni, che nella lettera intitolata *De bonis litteris* parlando delle lubriche storie d'amore dei poeti antichi dice: « quis adeo hebes est, ut non fictas res et aliud pro alio significantes intelligat? » (4).

E venendo alle allegorie vergiliane, il Petrarca ne tocca nei libri *De otio religiosorum* (5) e in una delle lettere senili (6), che si intitola: *Delle morali verità nascoste nell'Eneide di Vergilio.* In essa scrive: « in quel divino poema ben più sublimi di quello che apertamente si paiono e più importanti verità volle ei nascondere sotto il velame de' versi suoi ». E venendo a un esempio, egli nei venti signoreggiati da Eolo ravvisa le passioni domate dalla ragione: che altro sono esse le cupe grotte, entro le quali i venti si rintanano, se non le ascose e recondite cavità de' nostri petti ove, secondo la dottrina platonica, han loro albergo le passioni? La mole sovraimposta indica il capo, che Platone stesso assegnò come sede alla ragione. Enea è l' uomo forte e perfetto. Acate la compagnia preziosa d'uomini illustri, industriosi, solleciti (7) ».

---

(1) Voigt, *Wiederbelebung*, I, p. 32.

(2) Voigt, I, p. 31.

(3) *Genealog.*, XIV, 10.

(4) Jul. Schück, *Zur Charakteristik der ital. Human.*, Breslau 1857. p. 23.

(5) Jul. Schück, *ibi*, p. 18, nota 16.

(6) IV, 5.

(7) Hortis, *Studi sul Boccaccio*, p. 395.

Il Petrarca, come racconta il Boccaccio (1), nel 1341 trovandosi a Napoli spiegò l'allegoria vergiliana al vecchio re Roberto, il quale si pentì allora di aver tenuto in dispregio per l'avanti i poeti e volle tosto applicarsi allo studio di Vergilio. Il Boccaccio riteneva che Vergilio nell'Eneide intese mostrare da quali passioni la fragilità umana sia turbata e con quali mezzi sia dall'uomo costante superata (2); p. es.: Didone è la concupiscenza, Enea la sua vittima, Mercurio, che lo richiama al dovere, è il rimorso della coscienza o la riprensione d'una persona amica (3). Chi è tanto ignorante, esclama egli (4), che leggendo nella *Bucolica* (VI, 31) quel passo

namque canebat uti magnum per inane coacta

o quest'altro nell'*Eneide* (VI, 724)

principio caelum ac terram camposque liquentes

non pensi celarsi nessun sentimento arcano sotto il velo favoloso? O non riconoscerà invece da essi la riposta filosofia di Vergilio, per la quale egli guidò Aristeo nei segreti della terra ed Enea in quelli dell'inferno?

Un sistema di allegoria vergiliana troviamo già nella lettera del Filelfo a Ciriaco d'Ancona (5), della quale reco un copioso estratto. « Tu vuoi sapere, scrive egli, a qual fine intenda Vergilio nell'Eneide, giacchè non ti piace la solita opinione delle scuole, ch'egli abbia voluto imitare Omero e glorificare Augusto. Questo anche egli ha voluto, ma il suo spirito divino segue un più alto scopo. Rappresentando egli la vita contemplativa e l'attiva, ha voluto mostrare con la sapienza e

---

(1) *Geneal.*, XIV, 22.
(2) *Ibi*, XIV, 13.
(3) *Ibi*, XIV, 22.
(4) *Ibi*, XIV, 10.
(5) PHILELPH., *Epist.*, Venetiis 1502, p. 2 con la data: *ex Venetiis XII Kal. januar. 1427*. Cfr. IUL. SCHÜCK, *Zur Charakt.*, pp. 24-26.

il valore d' Enea in qual modo si possa conseguire in questo mondo il sommo bene. Le due vite sono indicate nel principio del poema, là dove egli dice di cantare le armi « *virtutes bellicas et activas* » e l' eroe « *virtutes urbanas intellectivasque* » ....

« Però egli non mantiene l'ordine tracciato nella proposisizione, ma canta prima le *virtutes urbanae*, indi le *virtutes bellicae*. E in ciò è stato più perspicace d'Omero, il quale prima nell' Iliade cantò il valore di Achille, poi nell'Odissea la sapienza e la prudenza d'Ulisse; poichè noi prima pensiamo, indi operiamo. Perciò nei primi sei libri dell'Eneide si tratta della vita tranquilla, meditativa; negli altri sei della vita guerresca, quantunque e nella prima e nella seconda parte si alternino cenni dell'una e dell'altra vita. Dicendo io che Vergilio descrive la vita umana, intendo l'unione della parte morale e della fisica di essa. Perciò egli comincia con Giunone, la regina e soprastante dei parti, e con Eolo, il reggitore dei venti, cioè dei desideri e delle passioni, giacchè egli *mollitque animos et temperat iras* (I, 57). Ecco ora con quale brevità e ordine Vergilio ha descritto il corso della vita umana. Comincia col parto del bambino, il quale è molto pericoloso e a lui e alla madre. Perciò abbiamo in sul principio la tempesta, che però cede tosto dinanzi a Nettuno, perchè appena il bambino è nato e quasi uscito dalle onde, la madre ed esso sono fuori di pericolo. « Nec enim absurdum cuiquam videri potest, si Neptunus a duobus verbis graecis νεῖν, quod est natare, et πτάω, quod volare significat, deduci adfirmemus. Nam quemadmodum tarditas parientis periculosa est, celeritas et quasi volatus in lucem levationem dolorum effert salutiferamque quietem. Nam quod rursus ad Aeolum spectat, αἰολεῖν agitare significat et versare et variare, quae omnia ac similia humanae vitae competere ambigat nemo: vel Aeolus quasi Aeonolus, hoc est vitae deletio. Nam αἰών aevum vitamque significat, ὀλεῖν vero delere. Nascentibus enim omnibus vitae discrimen interitusque imminet ». La infanzia poi, che arriva fino al settimo anno, passa tutta nell'alimentazione, il che è espresso chiaramente da quei sette cervi uccisi (I, 192). Alla infanzia succede la fanciullezza, che si diletta di racconti; ed ecco il racconto della presa di Troia e degli errori di Enea. Segue l'adolescenza, in cui cominciano a svegliarsi gli appetiti ed ecco gli amori di Enea e Didone. Viene la gioventù, vaga di onore e di gloria ed ecco i giuochi coi loro premi. Alla gioventù tien dietro l'età del senno, che si dedica alla meditazione e alla ricerca della verità; perciò è descritta la discesa all'inferno e tutto quello che i pitagorici e i platonici hanno detto sull'anima umana e sulle cose celesti. Questo avviene nel sesto libro; negli altri sei si rappresenta la vita attiva, quantunque qua e là vi sieno cenni alla giustizia e alla pietà. E come il principio comincia dalla nascita del bambino, così la fine della vita è la morte; perciò opportunamente finisce il poema con questo verso: « vitaque cum gemitu fugit indignata sub umbras (XII, 952). Così Turno, che si era dato all'ingiustizia e alla codardia, muore oscuro e ignobile; Enea, l'eroe giusto e valoroso, risplende di eterna gloria ».

Lo sviluppo più compiuto, più dettagliato, più mostruoso di questo sistema, lo ha dato il famoso paladino dell'allegoria vergiliana nel periodo del Risorgimento, Cristoforo Landino. Il Landino era uno dei principali membri dell'accademia platonica di Firenze, che fu la grand'officina delle allegorie e nella quale, con a capo il Ficino, riducevano ad allegoria tutto il paganesimo e la dottrina platonica, per metter l'uno e l'altra in buona armonia col cristianesimo. Le allegorie vergiliane si trovano in due opere del Landino. L'una è il commento a Vergilio, dove fra una congerie indigesta di note d'ogni argomento e d'ogni colore si dimostra che l'*Eneide* rappresenta la conquista del sommo bene. Dell'altra, intitolata *Disputationes Camaldulenses*, ecco come discorre il Villari nella stupenda introduzione all'opera sul Machiavelli (1). « Nella state del 1468 li troviamo (i platonici) nel delizioso convento dei Camaldoli, andati colà per godere il fresco e fare le famose dispute camaldolesi. V'erano Lorenzo e Giuliano de' Medici, Cristoforo Landino e suo fratello Alamanno Rinuccini, L. B. Al-

---

(1) Firenze. 1877, I, p. 180.

berti, allora venuto di Roma, e M. Ficino. Dopo aver sentita la messa andavano all'ombra sotto gli alberi della foresta ed ivi il primo giorno disputarono sulla vita contemplativa e sulla attiva, l'Alberti sostenendo con argomenti assai comuni doversi preferire la prima; Lorenzo de' Medici invece opponendogli che l'una e l'altra sono del pari necessarie. Nel secondo giorno si parlò del Sommo Bene ed abbiamo una serie di vuote frasi e di citazioni classiche. Nel terzo e quarto giorno l'Alberti dimostrò la sua platonica sapienza con un lungo commento su Vergilio, sforzandosi colle più strane allegorie di provare, che nell'*Eneide* si trova nascosta tutta quanta la dottrina platonica e tutta la dottrina cristiana, le quali in fondo sono per lui una sola e medesima cosa ».

E un trattato di filosofia platonica vede nell'*Eneide* Celio Rodigino, il quale citando un po' Platone, un po' Plotino, un po'arzigogolando del suo e in un latino per giunta orribilmente filosofico, si ingegna di spiegare l'allegoria vergiliana (1). Anch'egli se la prende come il Filelfo — ma più accanitamente perchè li tratta da matti — con quelli che riponevano lo scopo dell'*Eneide* nell'imitazione di Omero e nella glorificazione di Augusto. « Se volete sapere, soggiunge egli, il vero scopo di Vergilio, ve lo dirò io. Vergilio. « scientissimus et Platonis mysteriis non leviter imbutus », non altro si propose che « philosophi definitionem suis voluminibus facundissime ac aliud agendo explicare ». Infatti Platone definisce il filosofo come *amator Dei*, e gli assegna questo doppio ufficio: conoscere meglio che può le cose divine; studiare le umane e ridurle alle norme della prudenza; nel primo si comprende la teorica, nel secondo la pratica. Prima dunque il sapiente medita e ricerca la natura divina del bene; quindi dirige i propri atti al bene, come a lor fine. A ciò due cose si richiedono: l'una conoscere la natura umana e in qual modo ella possa guidarsi al bene e sottrarsi al male; l'altra contemperare i nostri affetti in guisa che tutti siano rivolti al bene. E questo si ottiene con la virtù morale, che Platone intende sotto il

---

(1) *Lectiones antiquae*, VII, 1.

nome di giustizia. In noi si trovano due specie di appetiti: i primi sono quelli suscitati da una causa esteriore, primachè l'anima razionale li richiami ad esame o discerna se siano da accogliere o da respingere: i secondi quando l'anima dà il suo assenso. La virtù che comprime questi secondi appetiti, proclivi al senso, *politica est ac dicitur;* quella che non solo li comprime, ma anche li sradica, *purgatoria nuncupatur;* la virtù poi che non solo vince questi secondi, ma o toglie o tempera anche quegli altri primi, *animi iam purgati virtus appellatur*..... Ora nei primi cinque libri dell'*Eneide* non altro si fa che dimostrare come il sapiente, segregato dalle cure mondane, purifichi l'anima con le virtù *politiche* e *purgatorie*. Questo significa la fiera tempesta del primo libro, e il banchetto di Didone, dove l'anima razionale abbrutendo per gli incentivi della passione e della carne si dimentica di sè stessa e si ravvolge nei piaceri corporei. Questi sono agitamenti d'un animo che si apparecchia alla lotta e si affretta verso l'origine; il che è espresso in quelle parole:

per tot discrimina rerum
tendimus in Latium, sedes ubi fata quietas
ostendunt (I, 204-206).

Per Lazio io intendo lo stato *dell'animo già purgato*, che è mondo oramai da ogni contatto terreno e di cui è propria, come dice Plotino, la conoscenza delle cose divine, l'oblio delle concupiscenze, l'imperturbabilità e un intimo commercio con la mente divina. Il sesto libro poi, *tanquam virgilianae doctrinae thesaurus longe clarissimus*, contiene la ragione della natura mortale e dichiara sotto figura poetica l'origine e la qualità dell'animo..... Qui sotto figura d'Enea che discende agli inferi noi contempliamo l'anima che va in questa parte del mondo, che i platonici chiamano inferi e antro di Dite: e lo provano i versi (VI, 268-269):

ibant obscuri sola sub nocte per umbras
perque domos Ditis vacuas et inania regna.

Poichè la teologia antica intendeva il mondo col nome di

spelonca; infatti la natura umida degli antri contiene il tipo e il simbolo di tutte le cose che sono nel mondo..... Gli ultimi sei libri poi adempiono l'ufficio filosofico, in quanto riguarda alle virtù politiche, perchè l'uomo è animale socievole. Però Enea si agita ancora, imperocchè si apparecchiava il passaggio *a purgatoriis virtutibus ad eas quae animi iam purgati dicuntur*. I desideri umani, che fanno guerra all'anima, tentavano di sopraffare Enea; questo significano le nascenti guerre. Tosto dopo però l'animo rinvigoritosi nel Lazio uccide Turno, fa tacere i tumulti, disprezza le cose umane e si trasforma in Dio..... Perciò il poeta divino null'altro volle aggiungere all'opera sua e sono stolti quelli che la credono imperfetta. Per Troia poi io non intendo l'infanzia, come fanno taluni, ma la parte inferiore del mondo, secondo che dice Platone nel *Teeteto*, che i mali non si possono espellere intieramente, bisognando che vi sia sempre qualche cosa contraria al bene ».

Mi sono ingegnato di rendere più chiaramente che ho potuto questo enigma cabalistico, in confronto del quale quello del Filelfo è una bazzecola; ma non so se io vi sia riuscito. Ad ogni modo questi enigmi sono la prova più chiara della falsità del metodo e della verità del metodo contrario. E il metodo contrario c'era e si scorge dagli sforzi stessi del Filelfo e del Rodigino per confutarlo. Quel metodo spiegava l'*Eneide*, forse troppo semplicemente, portando in campo Omero dall'una parte e Augusto dall'altra; e molto più in là per quei tempi difficilmente si poteva andare; ma ci si tirava molto più da vicino, che con le astruserie platoniche e fulgenziane del Landino.

Il partito contrario ebbe, se non un campione dichiarato, un illustre rappresentante nel Poliziano, il quale nei commenti avea lasciato il vezzo di allegorizzare e quantunque nella prelezione sopra Omero si risenta ancora l'influenza della scienza riposta che vedevano gli antichi in quell'autore, pure siamo ben lontani dalle intemperanze allegoriche dei Landiniani (1).

---

(1) IUL. SCHÜCK, *Zur Charakt.*, p. 28.

Vero campione invece di questo partito fu il Florido, il quale ammette bensì l'allegoria nei poeti, perchè altrimenti troveremmo in essi troppe cose puerili e poco sobrie e perchè l'allegoria aggiunge bellezza alle loro opere; ma non si deve eccedere. Allegorici, egli dice, sono Platone e più Omero e più ancora Ovidio e Dante. Chiama barbaro Fulgenzio, delle cui sottigliezze si scandalizzava perfino il Boccaccio (1), ma più di tutto egli scatena l'ira sua contro il Landino in due brevi, ma acerrime invettive (2). Per dare un'idea dell'allegoria del Landino, reca questo saggio: « Enea, cioè l'uomo probo, tende all'Italia, cioè al sommo bene, il quale è riposto nella vita contemplativa. A costui è nemica Giunone, cioè l'ambizione di regnare, la quale cerca di traviare Enea dalla vita contemplativa alla vita attiva. Resistendo egli però, Giunone gli suscita contro per opera di Eolo la tempesta, cioè la ragione inferiore; ma Nettuno, cioè la ragione superiore, non si lascia vincere da Giunone e calma la tempesta ». Naturalmente il Florido non si può tenere e manda il Landino a fare il sagrestano. Ecco alcune frasi abbastanza energiche, con cui intramezza il suo giudizio: « insulsum Landini in scrutandis poetarum allegoriis ingenium »; « singularis hominis stultitia »; « stupidum in explicandis allegoriis iudicium »; « allegoriae nimis superstitiose, ne dicam stulte, petitae »; « amens rabula ea secum de allegoriis comminiscitur, quibus nihil a sano iudicio remotius esse potest ».

VIII.

Quale sia più grande fra i capitani antichi.

Il Petrarca. quantunque non molto apprezzato dagli umanisti come rimatore toscano, pure era sempre tenuto in gran

---

(1) *Geneal.*, II, 52; IV, 23; VI, 7; XIII. 58.
(2) *Apologia*, p. 115; *Lectiones succis.*, II. 24.

rispetto e le sue poesie volgari venivano lette e suscitavano talora qualche piccola discussione, talora qualche questione più grave e più lungamente dibattuta, come quella che racconterò ora; a quale cioè fra i capitani antichi dovesse darsi la palma. Il Petrarca, nel *Trionfo della Fama,* lascia incerta la decisione tra Cesare e Scipione. Ecco i suoi versi:

Da man destra. ove prima gli occhi porsi,
La bella donna avea Cesare e Scipio;
Ma qual più presso, a gran pena m'accorsi.
L'un di virtute e non d'amor mancipio,
L'altro d'entrambi (1).

Un altro confronto fa il Petrarca nell'*Africa* (2). Scipione, Lelio e Massinissa dopo la battaglia di Zama si intrattengono conversando la notte. Scipione tesse il più grande elogio di Annibale e alludendo al giudizio di Annibale stesso, che si poneva terzo dopo Alessandro e Pirro (3), egli lo dichiara senz'altro primo fra tutti e superiore ad Alessandro tanto nelle imprese quanto nei costumi. « Chi non sa che Annibale è parco, semplice nel vestire, paziente del freddo e della fame: che Alessandro invece si ubbriacava, contaminava di sangue umano i conviti, vestiva sfarzosamente alla persiana? Quanto poi alle imprese Alessandro assoggettò l'Asia, ma era barbara: Annibale vinse in quattro battaglie consecutive i Romani, che sono il popolo più guerriero del mondo ». — Si direbbe che il Petrarca ci mettesse un po' del suo in questo giudizio di Scipione e avesse una certa antipatia verso Alessandro e i Greci che lo esaltano tanto. Al dir di Scipione fu più illustre Annibale perditore a Zama, che Alessandro vincitore in Asia:

licet omnis graecula circum
obstrepat et testes inculcet turba libellos (4).

---

(1) I, 22-26.
(2) VIII, 42-232.
(3) Cfr. Livio, 35, 14.
(4) 208-209.

Lelio però conchiude il colloquio, che Scipione vincendo Annibale gli si mostrò superiore.

Il confronto tra i capitani antichi era tutt'altro che nuovo; ne aveano parlato Livio (1), Plutarco nella *Vita di Cesare* e Luciano nei *Dialoghi dei morti;* ma non si può negare che gli scritti del Petrarca abbiano contribuito a risuscitare la questione. E infatti la troviamo posta a Poggio nel 1435 da Scipione de' Mainenti (2), di Ferrara, confidente di Eugenio IV, poi dal 30 ottobre 1436 vescovo di Modena (3). Era amico di Poggio, con cui praticava in Firenze nel 1435, dove si trovava fra il seguito del papa. Scipione, pazzamente entusiasta del suo omonimo romano, non solo si occupava delle lodi di lui, ma obbligava a occuparsene anche gli altri. *In illius* (Scipionis) *laudibus te... tempora terere et ut ab aliis terantur..... sedulo agere,* gli scrive nel marzo 1436 il Sartiano (4), che gli rimprovera quel pazzo amore, che a lui sapeva di troppo paganismo, sdegnandosi inoltre che in Italia uomini seri si accapigliassero per discutere simili questioni pagane, *nacta perquam pusilla occasione se invicem lacessendi atque gravissimis ne dicam immundissimis conviciis insectandi.*

Poggio nella sua lettera scritta da Firenze, 10 aprile (5), esamina primieramente i giudizi degli antichi, indi la vita dei due grandi capitani e viene alla conclusione, che Scipione nella virtù e nella rettitudine fu molto superiore a Cesare, a cui non fu inferiore nella gloria militare e nelle imprese compiute. Pare la ripetizione del giudizio di Plutarco su Scipione e Annibale: « questi due celeberrimi capitani non tanto sembrano paragonabili nelle virtù domestiche, in cui Scipione fu d'assai superiore, quanto nelle arti della guerra e nella gloria delle imprese operate ». Certo anche il nome dell'amico, Scipione,

---

(1) 35, 14.

(2) R. Sabbadini, *Epistolario edito e inedito di Guarino Veronese*, Salerno 1885, p. 74.

(3) Alb. a Sarthiano, *Op.*, p. 271.

(4) *Ibi, epist.* 43.

(5) *Opera.* Basilea 1538, p. 357.

contribuì non poco a far risolvere Poggio per Scipione, anzichè per Cesare.

Non l'avesse però scritta Poggio questa lettera! Quando lo seppe Guarino, che allora era a Ferrara, ne fece la confutazione, che ha l'aria di un'invettiva, indirizzandola a Poggio e dedicandola a Leonello d'Este con una letterina, in cui tratta addirittura Poggio di calunniatore di Cesare: « exortus est Caesaromastix (1) ». Eccone il contenuto. Poggio avea chiamato Cesare *parricida linguae latinae*. Non *parricida*, soggiunge Guarino, ma *litterarum expolitor et munditiarum parens*, e cita l'autorità degli antichi; mettendo in chiaro quanta cultura ci fu e dopo Cesare e sotto Augusto e durante l'impero, e come Cesare promosse molto gli studi. Nè Cesare tolse le istituzioni repubblicane; le vere cause della rovina di Roma furono l'avarizia e il lusso. E se vi furono imperatori iniqui, ve ne fu anche di buoni; nè Cesare è responsabile degli iniqui, come San Pietro non ha colpa dei papi malvagi che gli succedettero. Indi esamina l'adolescenza di Cesare e mostra, contro l'asserzione di Poggio, che in essa Cesare operò molto, che era indizio di animo forte e generoso. Perchè va pescando Poggio tutte le accuse mosse a Cesare dalla malignità e che sono naturalmente sospette, e tace il buono di cui si ha notizia sicura? Perchè interpreta malamente azioni di Cesare, che considerate da un animo imparziale sono invece oneste? — Cesare si servì di largizioni per farsi eleggere console: ma, lasciando le largizioni, cosa allora comune, chi ha or più merito dei due, Cesare eletto con tanta lotta, o Scipione eletto perchè niuno si presentava?

Non vedo che si deva rimproverare a Cesare d'avere proposto il domicilio coatto dei congiurati, giacchè non fu egli il solo, e Catone che lo osteggiò non era poi quell'irreprensibile uomo, che potrebbe parere. Ma si fece prorogare il comando della Gallia: e non pensi alla capitale importanza di quella guerra? — Del resto Cesare in guerra fu clementissimo e umano. Ma si avvilì negli amori di Cleopatra: e Scipione non amò una

---

(1) Vedi le fonti di questa lettera R. SABBADINI, *Op. cit.*, n[i] 336 e 454.

serva? — Dici che fu poca gloria vincere i Galli imbelli; leggi il giudizio di Sallustio e mi saprai poi dire se erano imbelli. — Da ultimo Guarino difende Cesare dall'accusa di essere stato il distruttore della libertà, mostrando che la libertà di Roma era già morta da prima e che Cesare fu anzi quegli che la difese. Conchiude che Scipione fu *vir bonus, civis pusillanimis, imperator excellens;* che Cesare fu *civis magnanimus, princeps prudentissimus, imperator excellentissimus.*

La replica di Poggio non si fece aspettare; egli la indirizzò a Francesco Barbaro, che scelse arbitro della contesa. Confessa nel proemio di non sapersi persuadere, come mai Guarino abbia preso tanto in sul serio una questione trattata unicamente per esercizio di ingegno, e che vi abbia mischiato tanta acrimonia. Indi risponde, una per una, a tutte le parti della lettera di Guarino. Cicerone, Vergilio, Sallustio, Orazio furono del tempo di Cesare, ma nacquero e ricevettero educazione al tempo della repubblica. Vi furono valenti grammatici sotto l'impero, ma tutti insieme non valgono una pagina di Varrone; dopo morto Cesare non si trova un comico come Plauto, un oratore come Cicerone; e questo dicasi pure dei filosofi, dei giureconsulti. Quindi Poggio raccoglie tutte le sue forze a dimostrare con una lunga serie di testimonianze antiche l'assurdità della proposizione di Guarino, che Cesare non solo non distrusse la libertà di Roma, ma anzi la promosse.

La replica di Poggio è più moderata, caso strano invero, della confutazione di Guarino, il quale s'era preso tanto a petto la questione, perchè forse Leonello d'Este era ammiratore di Cesare: così crede anche Poggio. Però i due contendenti non stettero molto a tornar amici com'erano prima. Ma la questione continuò ancora. In favor di Scipione scrisse a Poggio una lettera Pietro dal Monte (1), e in favor di Cesare proseguì contro Poggio la polemica Ciriaco di Ancona, che prima fa parlar le muse in difesa di Cesare e in vituperio di Poggio, e indi mette in bocca a Mercurio l'elogio di Cesare e dell'impero. Poggio gli scatenò contro una delle sue famose

---

(1) Rosmini. *Vita di Guarino*, II, pp. 96 segg.

repliche, dove lo chiama uno sfacciato e disordinato cianciatore, uno scempiato, una cicala importuna, un matto vagabondo, un satiro barbuto, un asino bipede e somiglianti ingiurie (1).

La questione che, quantunque posta a tacere per allora, dovette dibattersi pur sempre nei circoli letterari, prese proporzioni inaspettate nella prima metà del secolo decimosesto. Il Florido infatti ne fece un libro intitolato: *De Caesaris praestantia*, nel quale istituisce un confronto di tutti i capitani antichi. L'idea del lavoro gli dovette certo venire dal seguente passo di Plutarco nella *Vita di Cesare:* « sia che tu confronti con Cesare i Fabi, i Scipioni, i Metelli e i contemporanei suoi o di poco anteriori, Silla e Mario, i due Luculli e lo stesso Pompeo, la cui gloria in ogni genere di virtù militari supera gli astri, le imprese di Cesare vincono tutti, quale per l'asprezza dei luoghi, dove portò guerra; quale per la vastità delle provincie soggiogate; quale per la moltitudine e ferocia dei nemici disfatti; quale per la fierezza e ferocia dei costumi che ammansò; quale per la clemenza e dolcezza verso i vinti; quale per la liberalità verso i soldati; tutti poi per l'immenso numero delle battaglie e dei nemici uccisi ».

Ora ecco l'esposizione un poco minuta dell'opera del Florido, che si divide in tre libri ed ha forma di dialogo.

Interlocutori: il Florido, Arnoldo Arlenio Perassilo, a cui il Florido dava a vedere tutti i suoi scritti, Riccardo Seleio inglese. La discussione si tiene a Bologna in casa di Bassiano Landi piacentino, « in opaco pulchre consiti hortuli angulo ». Il Landi apre la discussione su argomenti militari e comincia dal dimostrare che la milizia antica era più perfetta della moderna (pp. 2-6). Il Landi si occupava molto di Plutarco e seguiva le opinioni di quello nel giudicare dei capitani antichi.

Libro I. — Comincia a parlare il Florido, il quale prima esamina le imprese esterne di *Cesare* e prende le mosse dalla conquista della Gallia (8-14), dalla quale passa alla guerra civile, alla guerra di Alessandria, di Africa e di Spagna (14-17). Quindi fa l'elogio delle qualità morali di Cesare. A nessuno furono resi sì grandi onori come a lui; era soave e liberale,

---

(1) Voigt, *Wiederbelebung*, I, p. 340.

amato dai soldati, laboriosissimo, osservatore della disciplina, esperto nel nuoto e nel cavalcare, oratore eloquente ed elegante scrittore e riformatore del calendario; conforta i suoi giudizi con quelli degli antichi scrittori (17-19).

Finito il Florido, il Seleio sorge a mettere in chiaro le parti riprovevoli di Cesare: anzitutto Cesare mosse guerra civile a Roma, con minor ragione di Coriolano, che era stato offeso, e senza imitar l'esempio di Scipione, che sacrificò il suo amor proprio alla patria (19-20). Cesare fu impudico e lo prova con l'esempio di Nicomede e coi numerosi stupri con illustri matrone (20): Cesare trattò male la Spagna come questore (20-21), e in Gallia e in Roma spogliò templi (21); nel consolato si contenne un po' dispoticamente e lo sanno Catone imprigionato e Cicerone esiliato (21). Nè la sua ambizione lo avrebbe mai indotto a vivere privato, come tu, o Florido, asserisci; e se fu caro ai Romani, le cagioni ne furono le immense ricchezze e i doni ch'egli loro acquistò e distribuì, specialmente ai soldati, ch'egli lasciava saccheggiare e adulava con il lusso e la rilassata disciplina (21-22). Quanto poi alle sue imprese, Cesare fu molto secondato dalla fortuna, come egli stesso confessa, spesso più temerario che valoroso; e se fece due spedizioni in Brettagna, fu per la avidità delle margarite (perle). Quanto al calendario lo riformò, ma non perfettamente, come dice anche Plutarco (22-23). — Comincia il Florido la sua replica dal ricapitolare la propria esposizione. Indi passa a confutare il Seleio con una massima generale, che trattandosi della palma militare non entrano in considerazione i vizi, se ne ha avuti: che forse il valore di Annibale è infirmato dalla sua *perfidia punica?* (23-24). E ribatte partitamente le obbiezioni, cominciando dall'oppressione della patria e si apre la via così: « at patriae bellum intulit: intulerit etiam parentibus; quid hoc ad rem? quid ad imperatoris industriam, felicitatem, diligentiam? » e mostra che alla guerra civile vi fu tirato a forza da Pompeo e che Cesare non avea mostrato sin da giovane questo suo intento di impadronirsi di Roma e che Pompeo mirava evidentemente egli al principato e che fra quello di Pompeo e quello di Cesare è da preferirsi da ogni savio quello di Cesare (25-27).

Quanto all'incontinenza, il Florido cerca, e con ragioni e con altri esempi, di mostrare che le sue pratiche impudiche con Nicomede furono una mera calunnia, sconfessata da quelli stessi che l'aveano messa in giro: il Florido ci tiene molto a dimostrare l'insussistenza di questa turpe accusa (27-28). Degli altri amori di Cesare con matrone il Florido non tien conto, « cum spadonem, non virum ab alienis uxoribus tam religiose abstinere decuerit »: gliene farebbe colpa solo nel caso che quegli amori lo avessero distratto dalle sue imprese. Ma fargliene carico a cose quiete è voler trovare il pel nell'uovo. E poi una vita irreprensibile non era più possibile in Roma da Scipione in poi; e i saccheggi e le largizioni e l'imprigionamento di Catone e simili son cose comuni a qualunque impero (28-29). Ed è probabile che Cesare avrebbe deposta la dittatura; o non l'avesse anche deposta, l'avrebbe usata moderatamente e l'averlo ucciso fu non la più illustre, ma la più nefanda azione commessa in Roma, dacchè era stata fondata (29-30). Sulla rilassata disciplina militare di Cesare nota che se fosse così, non avrebbe vinto tante battaglie; sull'ascrivere a fortuna le sue vittorie osserva che senza la fortuna non vi può essere sommo capitano; ma Cesare la seppe bene usare con la sua perspicacia; sulla temerità nota come un duce in casi estremi deve prendere risoluzioni energiche e reca l'esempio di Annibale (31-32).

Dalla conclusione si comprende che le accuse di Seleio sono un puro esercizio rettorico, ma che esse erano realmente mosse dai calunniatori di Cesare, come il Florido li chiama, dai cui libri o discorsi egli le raccoglie, sdegnandosi che calunnino in Cesare non solo il calunniabile, ma anche quello che sorpassa la capacità umana, onde li chiama degni di essere stati interdetti non dall'acqua e dal fuoco, ma dalla terra e dal cielo « ob tam iniquas frigidasque cavillationes » (32).

Libro II. — Viene la parte del Landi, che deve parlare dei duci romani che possono preferirsi a Cesare, e dopo di aver escluso i duci anteriori alla seconda guerra punica (32-35), si fa a parlare di *Marcello* e della sua guerra contro i Galli (35-36); quindi della grandissima e gloriosa parte che ebbe nella guerra contro Annibale (37-39); a cui il Florido risponde mostrando diffusamente che a Marcello non mancò certamente valore, ma fu troppo audace, di un'audacia però da non paragonarsi a quella di Cesare, il quale gli è anche senza confronto superiore nel numero delle vittorie (39-42). — All'esposizione delle imprese di *Mario* in Spagna, in Africa, nella guerra giugurtina e contro i Cimbri e Teutoni (42-44) risponde il Florido che non fu tutta di Mario la gloria della guerra giugurtina e cimbrica (45-46); indi mette in chiaro le parti riprovevoli di Mario come cittadino e come siasi condotto male nella guerra sociale (46-47). — Il Landi narra le azioni di *Silla* nella guerra giugurtina, nella guerra sociale, nella guerra contro Mitridate e finalmente contro la fazione mariana (48-50); e il Florido obbietta che le imprese d'Africa più che mostrare un gran capitano, lo fanno presentire; nella guerra civile piuttosto si disonorò, avendo vinto Mario, possiamo dire, inerme. Le altre imprese non sono per nulla da paragonarsi a quelle di Cesare: non parliamo poi delle sue prave arti di governo (50-52). — Di *Lucullo* il Landi magnifica specialmente le imprese contro Mitridate e Tigrane, indi le sue qualità personali, la dottrina e la sua equità (52-55); ma per il Florido Mitridate e Tigrane e i loro soldati non erano nemici tanto pericolosi, da rendere illustrissimo chi li avesse vinti; essere stata grave mancanza in Lucullo il non aversi saputo cattivare l'animo dei soldati: sulla dottrina chi si prenderebbe la briga di confrontarlo con Cesare (56-58)? — Sulla famosa guerra di *Sertorio* in Spagna (59-62) il Florido replica che Sertorio deve reputarsi più gran capitano dei quattro già discussi, ma che non può confrontarsi con Cesare: Sertorio prometteva di divenire eminentissimo, se non fosse stato tradito (62). — Quindi il Landi enumera le imprese di *Pompeo*, la sua parte nella lotta contro i Mariani a favore di Silla, la guerra contro Domizio in Africa, contro Sertorio in Spagna, contro gli schiavi, contro i pirati e contro Mitridate (64-69); ma, secondo il Florido, la guerra contro Domizio fu affare di poco momento e il trionfo concessogli fu per mera condiscendenza di Silla, che avea bisogno dell'opera di lui; il secondo trionfo per la guerra contro Sertorio fu del pari poco meritato, perchè in quella guerra Pompeo combattè con un esercito senza capitano; il terzo trionfo sopra Mitridate glielo aveano preparato Silla e Lucullo. La guerra contro i pirati fu cosa di poco momento, avuto riguardo all'immensa quantità di forze, di cui Pompeo disponeva (69-74). — Ed ecco il Landi giunto a *Scipione africano.* Comincia dal dire che Scipione fu giudicato il maggior capitano da Cicerone e dover bastare questo giudizio per dimostrare l'assunto. Il Florido gli osserva non doversi dare troppo peso a questo giudizio, perchè Cicerone chiamava anche Temistocle il più gran capitano della Grecia: o tutt'al più si dovrebbe ammettere che Cicerone ivi (nel *Brutus*) intendesse solo dei capitani del tempo di Scipione (74-75). — Il Landi accenna la bell'azione di Scipione di aver salvato il padre e il fatto di Canosa e per terzo il celebre assedio di Cartagena: e nota come in quest' ultima impresa egli dette prova d'onestà, consegnando intera la somma all'erario, e di continenza, restituendo ai suoi la vergine: ben diversamente da Cesare, rapace e lussurioso (come discendente da Venere) (76). — Il Florido lo prega di stare in carreggiata e di non perdersi in invettive contro Cesare (77) e di tenersi solo alle virtù militari. — Il Landi prosegue la rassegna delle sue imprese in Spagna e racconta il suo viaggio in Africa (77-78). Indi espone diffusamente la sua campagna d'Africa prima dell'arrivo di Annibale e la famosa battaglia di Zama, e conchiude che solo l'avere vinto Annibale gli dà il diritto al primato tra i capitani (79-82): accenna anche all'erudizione di Scipione, a cui da moltissimi furono attribuite le comedie di Terenzio. — Risponde il Florido: sulla castità di Scipione, anche prescindendo dall'autenticità del fatto della vergine in Cartagena da alcuni scrittori antichi non ricordato, si può giudicare essere stato Scipione più astinente di Cesare, ma questo dipende dalla sua natura *tetrica asperaque*, dovechè Cesare discendeva da Venere. Sulla dottrina ed eloquenza di entrambi decidano i monumenti letterari lasciati da Cesare. Cesare fu in Roma più influente di Scipione, il quale nella domanda di un consolato per Lelio fu posposto a Q. Flaminino, che lo domandò per il fratello: Cesare invece nulla domandò che non ottenesse. Scipione, quando fu citato, si ritirò in volontario esilio, il che non avrebbe fatto Cesare, che non avrebbe mai lasciato passare una prepotenza. E che ciò Scipione facesse non per amor di patria, ma per imperizia di padroneggiare i mali civili, lo mostra l'essere egli abbastanza ardito: e infatti trattandosi della guerra africana egli osò dichiarare che si sarebbe opposto al Senato; ma all'ardimento manca l'arte di Cesare, il quale non avrebbe mai fatta una simile dichiarazione. E questo mostra l'ambizione di Scipione, che non per nulla fu osteggiato da Catone e accusato di sottrazione di preda (82-83). Venendo poi alla gloria militare, il Florido confrontando le battaglie di Zama e di Farsalo dimostra che se Cesare non fu superiore a Scipione, gli fu per lo meno eguale (83-84). Confrontando le restanti imprese di Cesare con le restanti di Scipione, quegli è superiore a questo senza paragone. Scipione espugnò Cartagena e Cesare Alesia; Scipione debellò in due battaglie tre eserciti in Spagna e Cesare in una estate gli Elvezi e i Germani; il legato di Scipione vinse Annone in Spagna; e i legati di Cesare? e le imprese di Cesare in Africa contro Catone non valgono quelle di Scipione ivi stesso contro Siface e Asdrubale? Restano le innumerabili altre imprese di Cesare, alle quali Scipione nulla ha da contrapporre. Infine Scipione in Asia fu inferiore alla sua fama e così essere avvenuto di Pompeo, Annibale, Mario, Marcello, i quali sopravvissero alla loro gloria: chi comincia troppo presto, decade anche presto; Cesare e Silla cominciarono tardi e si mantennero sempre uguali. Termina citando il giudizio di Plutarco, che prepose Cesare ai Fabi, agli Scipioni, ai Metelli, a Silla, a Mario, ai due Luculli e allo stesso Pompeo (83-86).

Libro III. — Entra in campo l'Arlenio coi due stranieri e comincia con *Pirro,* di cui espone le imprese in Grecia, in Italia e in Sicilia (87-90). Risponde il Florido essere stato Pirro capitano instabile: difetto gravissimo. Pirro fu spesso vinto, non sempre mantenne la data parola e spesso fu nelle sue azioni negligente. Se vi è dove possa superare Cesare, è solo nella forza corporale (91-99). L'Arlenio passa ad *Annibale,* parlando del suo tirocinio in Spagna, dell'espugnazione di Sagunto, della spedizione in Italia e delle sue imprese quivi compiute e mettendo in rilievo due circostanze, che Annibale combatteva in suolo straniero e che i suoi guerrieri erano di nazionalità diverse (93-99). Al che il Florido risponde che le prime vittorie di Annibale sono dovute alla sua superiorità numerica e al poco valore dei duci romani (100), fermandosi di proposito a confutare l'opinione di Maarbale che dopo la battaglia di Canne Annibale avrebbe potuto sorprender Roma (101-102). Indi mostra che Annibale fu vinto da Fabio Massimo e da Marcello: e la perdita di Capua? Aggiunge in fine che Annibale, anche avesse persuaso Antioco a seguire i suoi consigli, non poteva nuocere a Roma (102-103).— Resta *Alessandro:* l'Arlenio comincia dal lodare le sue straordinarie doti giovanili: indi accenna alle sue guerre in Grecia e poi più diffusamente a quelle d'Asia (103-107). Ma il Florido osserva che nelle imprese giovanili è superiore Alessandro, non nel resto: le sue azioni di Grecia essere di un valore solo mediocre: le sue imprese d'Asia anche di poco momento, avendo avuto che fare con avversari imbelli. Infine cita per intiero il passo, dove Livio (9, 17-19) discute se Alessandro avrebbe potuto vincere Roma, assalendola, nel quale si confronta Alessandro coi Romani.— Conclusione: Cesare è il primo capitano; secondo dopo lui fra i romani Scipione, fra gli stranieri Annibale (107-111).

IX.

I calunniatori della lingua latina.

I detrattori di Cicerone e della lingua latina in generale si chiamavano calunniatori. Questa denominazione non era molto nuova, perchè la troviamo già adoperata da Cino Rinuccini, il quale, difendendo dagli attacchi del Niccoli e del Bruni Dante, il Petrarca e il Boccaccio, intitola il suo libro: *Invettiva contro a certi calunniatori di Dante*, *etc.* Il più accanito, il vero calunniatore fu il Valla, « qui Ciceronem vellicabat, Aristotelem carpebat, Vergilio subsannabat (1) ». Il primo

---

(1) Pontani, *De sermone*. p. 193.

attacco lo rivolse contro Cicerone nel suo libro, dove lo confrontava con Quintiliano, a cui lo posponeva. I contemporanei opposero accanita resistenza alle critiche del Valla; e Poggio, p. es., difese nelle invettive contro il Valla gli autori da esso, come egli diceva, criticati, Terenzio, Cicerone, Sallustio e altri; e Benedetto Morandi scrisse due invettive, nelle quali dichiarava reo della pena di morte il Valla, perchè avea infamato Livio, sostenendo contro la sua autorità che Tarquinio il Superbo non era figlio, ma nepote di Tarquinio Prisco. Però il libro più famoso nato da queste cosiddette calunnie fu quello di Francesco Florido, che si intitola appunto *Apologia in linguae latinae calumniatores*. A questo libro ha dato origine una conversazione letteraria, alla quale prendeva parte anche il Florido, allora, verso il 1535, studente di giurisprudenza a Bologna, ma passionato amatore delle lettere. In quella conversazione si faceva il confronto tra Terenzio e Plauto e si dava la palma a Terenzio; il Florido sostenne la causa di Plauto e tanto se ne accese, che ne scrisse una difesa intitolata: *Apologia contro i calunniatori di Plauto*. Ma lo sdegno ch'egli concepì verso quella setta dei calunniatori fu tale e tanto (1), che non si diede pace, finchè non ebbe compreso nella sua apologia tutti gli altri autori calunniati; e infatti tre anni dopo (1538) pubblicò la 2ª edizione dell'apologia col nuovo titolo: *Apologia adversus linguae latinae calumniatores*.

La questione della supremazia fra Terenzio e Plauto risaliva al Petrarca, che dava la preferenza a Plauto. Raccontando egli, che leggeva per ricrearsi le comedie plautine, soggiunge: « mirum dictu quas ibi elegantes nugas inveneram, quas serviles fallacias, quas aniles ineptias, quas meretricum blanditias, quam lenonis avaritiam, quam parasiti voraginem, quam senum sollicitudinem, quos adulescentium amores. Iam minus Terentium nostrum miror, qui ad illam elegantiam tali usus est duce » (2). Ma bentosto dovette formarsi il partito contrario, di quelli che davano la palma a Terenzio, e già An-

---

(1) *Lectiones succis.*, p. 215.
(2) *Rerum famil.*, V, 14.

tonio da Rho lo preferiva a Plauto (1). Parimenti Erasmo nel *Ciceronianus* mostra di pregiare più Terenzio che Plauto e nella dedica premessa il 12 dicembre 1532 all'edizione di Terenzio afferma senz'altro, che in una sola comedia di Terenzio si mostra maggior rettitudine di giudizio, che in tutte quelle di Plauto (2). Il Florido poi ci racconta che taluno nutriva tanto odio contro Plauto, da farsi un obbligo di non leggerne nemmeno un verso e che tal altro si guardava bene dall'accordargli un posto nelle proprie librerie (3).

Ma quello che fece più romore, pare sia stata la lettera scritta in nome di Francesco Asolano da Andrea Navagero per l'edizione aldina di Terenzio, che quegli avea apparecchiato (4). In quella lettera il Navagero chiaramente ed esplicitamente dà la preferenza a Terenzio su Plauto, cercando di dimostrare l'assurdità del canone dei dieci comici latini di Volcazio Sedigito (5), il quale pose primo Cecilio, secondo Plauto, sesto Terenzio, e pigliandosela con quel tale recente scrittore che trovò giusto quel canone. Ecco il confronto del Navagero: « Non parliamo dell'eleganza della forma, la quale dipende dal secolo in cui visse Terenzio e della quale esso ha la minor parte del merito; ma venendo alle altre parti « omnibus in rebus Plautus nimius videtur; illo Terentius parcior: — hiant nonnunquam neque satis cohaerent Plauti comoediae, ita omnia Terentii inter se nexa ». Plauto osserva poco il decoro (decorum), ama troppo far ridere, nel che ripose forse l'essenza della comedia; Terenzio è più moderato. Bisogna distinguere facezia di cosa e facezia di parola; questa spesso diventa freddura e degenera in scurrilità; della prima usa più spesso Terenzio, della seconda Plauto: « ut uno omnia vocabulo complectar, in illo (Plauto) dicacitas, in hoc (Terentio) urbanitas conspicitur maxima ». — Indi reca il giudizio di

---

(1) Valla, *Adnotat. in Anton. Rhaudens.*, Venezia 1519, p. 132.
(2) Burigny, *Leben des Erasmus* etc., Halle 1782, II, p. 355.
(3) *Apologia*, p. 9 e 13.
(4) Andr. Nauger., *Opera*, Padova 1718, pp. 94 segg.
(5) Cfr. Bernhardy, *Römische Literaturgesch.*, 5ª ediz., p. 460.

Orazio, che non approva i ritmi e i sali di Plauto [*ad Pis.*, 270] e dà la palma nell'arte a Terenzio [*Epist.* II, 1, 59], e quello di Afranio, che scrisse: « Terentio non similem dices quempiam » (1).

Udiamo il Florido. Anzitutto il giudizio di Quintiliano su Plauto e Terenzio non pregiudica la questione della superiorità dell'uno o dell'altro (pp. 13-14). Plauto, dicono, ha molti luoghi oscuri: ma questo dipende dalla corruzione dei testi; ha parole antiquate: ma questa non è colpa sua, bensì del tempo in cui visse. Del resto Plauto, quanto ad eleganza latina, è ottimo modello, se tu ne levi quelle forme arcaiche, che tutti conoscono (15). — Traggono argomento a deprezzar Plauto dall'esser più facile imitar lui che il forbito Terenzio e ne fanno fede le comedie spurie attribuite a Plauto. È vero, risponde il Florido, ma anche Omero, anche Vergilio ebbero i loro interpolatori. Però se Omero trovò Aristarco, l'Aristarco a Plauto non mancò in Varrone: e qui il Florido ragiona sulla questione della genuinità delle comedie plautine (16-19). Quanto non fu Plauto più fecondo di Terenzio! E in Plauto trovi tutto quello che si richiede in un grande scrittore, in Terenzio non trovi che la proprietà (20-22). Plauto è più ricco di locuzioni e con le sue parole puoi esprimere tutto quello che riguarda la vita di un uomo; con Terenzio spesso dovresti tacere. Volcazio e molti altri antichi hanno portato un giudizio assai favorevole su Plauto (22-23); ed errano quelli che dicono che il giudizio di Varrone non ha importanza, perchè Varrone non era poeta: il non esser poeta non escluderebbe il poter dare un buon giudizio, del resto Varrone era poeta e lo mostrano le sue *Menippee* (24-25). Esamina quindi il giudizio di Orazio su Plauto, mostrando diffusamente ch'era vezzo d'Orazio mordere i poeti antichi romani e che in quel luogo dove biasima i *numeri* e i *sali* plautini, intende con Plauto i poeti antichi. Quanto ai *sali* Plauto non è da biasimare, sì piuttosto Terenzio, che è freddo (25-29). Quanto all'accusa che si dà di arcaica alla lingua di Plauto, osserva che anche al tempo di

---

(1) Cfr. Bernhardy, *Op. cit.*, p. 470.

Vergilio si usavano parole arcaiche e che del resto Plauto anche dai letterati dell'ultimo secolo, p. es. Cicerone, era stimato; e che uno studioso di latino, quando sia bene iniziato. trae più frutto da Plauto che da Terenzio (29-33). Conchiude che in Terenzio si trova più diligenza, ma in Plauto più ingegno e che questi non fu superato da quello che nella proprietà (34). Indi, confutato il giudizio di un grammatico antico (36-42) passa, con un'erudizione sorprendente e un'efficace rapidità di stile, in rassegna i caratteri più importanti e più spiccati delle comedie plautine, mostrando la loro perfezione: i vecchi, i giovani dissipati, i servi, i parassiti, i ruffiani. i soldati spacconi, i sicofanti (36-42).

Dalla difesa del Florido risulta ch'egli non avea di mira il solo giudizio e l'accusa del Navagero, ma una serie di altri giudizi e di altre accuse contro Plauto, le quali io ho cercato invano fra gli scrittori di quel tempo, ma che certo doveano agitarsi nelle società letterarie e nelle scuole. Fra i calunniatori della lingua latina il Florido assalta con una lunga e acre confutazione (1) anche il Marullo, che in alcuni suoi versi avea posto come grandi autori della lingua latina certuni. escludendo certi altri. Altrove difende Servio dalle considerazioni critiche o calunnie, come le chiama lui, di Battista Pio (2) e di Filippo Beroaldo (3); e Cicerone dalle calunnie dello Zazio, il quale lo posponeva a Catone (4). Fra i calunniatori poi dei moderni redarguì abbastanza mitemente Erasmo. che tacciò di paganismo il Pontano e il Sannazzaro (5) e aggredì rabbiosamente e annientò il povero Mancinelli, che aveva innocentemente scritto una *Lima* alle *Eleganze latine* del Valla (6).

---

(1) *Apologia*, pp. 45-53: cfr. *Lectiones succis.*, p. 130.
(2) *Lectiones succis.*, p. 236.
(3) *Lectiones succis.*, II, 9-18.
(4) *De iuris civ. interpret.*, pp. 203-204.
(5) *Lectiones succis.*, III, 6.
(6) *Lectiones succis.*, II, 20-21.

X.

Se si deva scrivere latino o italiano.

Il Petrarca avea saputo mostrare il suo valore artistico e letterario sì nella lingua latina che nell'italiana o volgare; ma già egli stesso si era pentito e domandava perdono di quei suoi sospiri in rima e più volte dichiarò che in faccende casalinghe usava il volgare, perchè il latino non si poteva abbassare a simili argomenti (1). E il Boccaccio, l'autore del *Decamerone*, si vergognava di avere scritto « cose volgari degne di essere ascoltate dal popolino » (2). Sul volgare portarono giudizi ancora più sfavorevoli i latinisti del principio del secolo XV e specialmente il Bruni e il Niccoli (3).

Il Rinuccini, che scrisse una *invettiva* contro questi detrattori della lingua volgare, formula così i loro giudizi: « Le storie poetiche dicono esser favole da femmine e da fanciulli, e che il non meno dolce che utile recitatore di dette istorie, cioè messer Giovanni Boccacci, non seppe grammatica..... e dei libri del coronato poeta messer Francesco Petrarca si beffano dicendo che quel *De viris illustribus* è uno zibaldone da quaresima..... Poi per mostrarsi litteratissimi al vulgo dicono lo egregio e onorevole poeta Dante Alighieri essere- suto poeta da calzolai » (4).

I latinisti non stimavano il volgare atto a trattar d'argomenti gravi. Il Bruni discutendo nelle sue prose volgari il valore della parola *poeta*, conchiude: « Contuttochè queste sien cose che male dir si possano in volgare idioma ». E il buon Vespasiano da Bisticci: « Molte cose degne si potrebbero dire di

---

(1) VOIGT, *Wiederbelebung*, II, p. 422.

(2) HORTIS, *Studi sul Boccaccio*, p. 200.

(3) VOIGT, I, pp. 385-388; A. v. REUMONT, *Lorenzo il Magnifico*, 2. Aufl. II, p. 37-38.

(4) FIORETTO, *Gli umanisti*, Verona 1881, p. 122.

memorie, che sono scritte da scrittori degnissimi nello ornato ed elegante latino e non nello idioma volgare, dove non si può mostrare le cose con quello ornamento, che si fa in latino » (1).

Il Filelfo chiamava il volgare la lingua del popolino e quando ebbe l'incarico dal duca di Milano di dichiarare in volgare le rime del Petrarca, se ne sdegnò come di cosa « quae indoctos potius quam viros doctos et graves sit delectatura » (2); « le cose che non vogliono essere copiate », scriveva egli nel 1453, « le scrivo sempre alla grossolana »; e nel 1477 parlando della lingua toscana: « hoc scribendi more utimur iis in rebus. quarum memoriam nolumus transferre ad posteros » (3).

I latinisti vinsero e verso la metà del quattrocento la causa del volgare parea perduta; ma non molto dopo cominciò un potentissimo risveglio della lingua italiana, per opera della scuola fiorentina, nella quale primeggiarono Leon Battista Alberti, il Landino e più assai il Poliziano. L'Alberti pose verso la metà del secolo la questione e la risolse conciliando le due lingue, dichiarando che la lingua italiana non era inferiore alla latina (4). Più tardi il Bembo fece un passo avanti, dando all'italiana la preferenza sulla latina (5). Ecco com' egli ragiona: La volgare è la lingua nostrana, dovechè la lingua latina ci è, si può dire, straniera (l'avesse detto al Filelfo!). A quella guisa che i Romani non stimavano biasimevole, anzi dovere coltivare il latino, lingua patria, senza trascurare il greco, così noi dobbiamo usare il volgare, senza disprezzare nel medesimo tempo il latino. Il Giovio a queste ragioni e a tutte le altre che egli stesso reca nella difesa della lingua italiana, che si trova nei suoi *Dialoghi*, ne aggiunge una, la quale non manca di un certo peso, che cioè la lingua etrusca era gradita alle donne, nella società delle quali perciò non si potea senz'essa brillare.

---

(1) *Ibi*, p. 125.

(2) Voigt, I, p. 519.

(3) *Ibi*, II, p. 422.

(4) L. B. Alberti, *La cura della famiglia;* lib. III, prefaz. Cfr. A. v. Reumont, *Op. cit.*, I, p. 425.

(5) *Dialogo sulla volgar lingua*, ediz. Sonzogno, pp. 144-145.

Questi ragionamenti erano semplici e nella loro semplicità ineluttabili: ma non li avrebbero o capiti o accettati gli umanisti del quattrocento: i quali consideravano loro patria Roma. Gli umanisti del 500 al contrario compresero che la loro causa correva gravissimo pericolo e si diedero gran cura di difenderla. Levò gran romore l'Amaseo con le due famose orazioni *De linguae latinae usu retinendo*, pronunciate a Bologna nel 1529, davanti a un illustre uditorio, tra cui Carlo V e Clemente VII. d'onde veniva più maestà e importanza alla difesa.

Nella prima orazione l'Amaseo traccia per sommi capi la storia della lingua latina e mostra come dalla corruzione di essa nacque la volgare. Indi ribatte una delle obbiezioni che si facevano contro l' uso del latino. Il volgare, dicevano, ci basta; perchè dovremo noi spendere fatiche a imparare un'altra lingua, che ci è superflua? Non è superflua, soggiunge l'Amaseo, quando noi con essa possiamo conseguire una maggior comodità dei Romani stessi, i quali possedevano una sola lingua, dovechè noi potremmo possederne due, l'una che servisse ai dotti, l'altra agli incolti. Ma che parliamo noi di due lingue? Il latino e il volgare non sono che una lingua sola; questo è una corruzione di quello e l'uno ha intima affinità con l'altro. Ciò poi dimostra anche che la lingua latina non è straniera, ma lingua nostra, come il volgare, con cui è tutt' una cosa.

Su quest'idea torna anche nella seconda orazione, dove seguitando il suo ragionamento mostra che la lingua latina è da preferirsi come più perfetta. Ma la volgare è immediatamente più utile: no, per asserir questo, bisogna negare tutta la sapienza pratica che hanno depositato nelle loro lingue i popoli antichi. Nè si dica che il volgare costa meno fatica a imparare del latino, perchè la maggior fatica spesa in quest'ultimo è largamente compensata dalla gran diffusione della lingua latina, per mezzo della quale possiamo metterci in relazione con tutto il mondo civile; la volgare invece si restringe dentro i confini d'Italia, dove nemmeno poi è sempre la medesima, perchè chi la vuole etrusca, chi aulica. Che se si accampi il pretesto che nessuno possa riuscire dotto e valente nella lingua latina, mi basta di citare i nomi del Pontano, del Sabellico, del Navagero, del Longolio, del Sannazzaro.

Parlò per convinzione profonda l'Amaseo o per sfoggio di rettorica? Il fatto è che in quel tempo la questione tornò più volte in campo. Ne trattò Pietro Angeli da Barga in un discorso detto nello studio di Pisa; ne trattò Celio Calcagnini nell'opera dell'imitazione a G. B. Giraldi; Bartolomeo Ricci nel 2° dei suoi libri dell'imitazione; G. B. Goineo e il Sigonio e altri ancora (1). Ma nessuno più accanitamente di Francesco Florido, la cui polemica contro la lingua volgare è addirittura un' invettiva e tanto caratteristica, che merita di essere, quantunque lunga, tradotta e riportata per intero.

« Parliamo ora di quei cotali (egli scriveva verso il 1437), che invece delle lettere latine e greche coltivano le volgari con ogni assiduità e diligenza e messi da parte i divini scrittori di quelle due lingue, in qualunque genere di dottrina e di eloquenza eccellenti, perdono il loro tempo in cose da nulla. E questo morbo che serpe tra noi Italiani tanto di giorno in giorno prende piede e forza, che già più non si cerca quali siano tra gli autori romani i migliori, ma tutti vengono come superflui banditi; mentre si vuol far credere al mondo che la lingua latina allora era necessaria, quando la parlavano anche le balie; ma che adesso va buttata in un canto, essendone sorta un'altra che non che eguagliata, va preferita alla latina e che la si deve coltivare e illustrare non meno che un tempo fecero della loro i Greci e dopo i Greci i Romani. Le quali assurdità, che moverebbero lo sdegno a qualsiasi uomo di senno se le udisse anche da uno Scita o da un Medo, sentendosi in bocca di Italiani, non è a dire che si sia accecato e ottenebrato il mondo? quando gli Spagnuoli, i Francesi, i Tedeschi, gl'Inglesi e moltissimi altri popoli studiano e ammirano grandemente la lingua latina e noi invece ne cerchiamo un' altra affatto diversa, che solo col chiamarla volgare la gettano meritamente nel fango. Ed ecco che chi vi abbia speso intorno pochi giorni vien nominato dalla plebaglia conoscitor del volgare ed eccoli cotesta razza di gente fondare ogni dì quasi in tutte le città accademie, se pure vanno chiamate

(1) Ap. Zeno, Note al Fontanini, I, p. 35.

accademie dove non hai nulla da imparare, nemmeno che sei un ignorante. Per Iddio, quando vedo la stupidità di certuni! fa un anno, già, ch'io intesi un Italiano chiedere a un giovane greco, se avesse a scegliere fra il latino e il volgare, quale preferirebbe: se non che non più mi stomacò la buaggine dell'Italiano di quello che mi ricreò il contegno del Greco, che non gli replicò sillaba e lo lasciò in asso. E perfino hanno poeti, storici e oratori, da chiamarvi al confronto i Latini; e il loro Francesco Petrarca lo antepongono non a Tibullo solo e a Properzio, ma anche a Vergilio; e Giovanni Boccaccio paragonano a Marco Tullio, osando contrapporre le freddure di quello ai fulmini di questo.

Ma vediamo quali frivole ragioni mettano in campo i sostenitori di quest'idioma, per dimostrarne la necessità e l'utilità. A frugare quanto su tale questione fu scritto, troverai che tutto si riduce a quest'unico argomento, che ognuno deve adoprare quella lingua che ha imparato dalla madre e la quale serva ai più. Futile argomento e di nessun peso; e che non dovrebbe persuadere nessuno, si trovasse anche essere più quelli che sanno parlar il volgare che non il latino. Poichè dato che la lingua volgare sia comune pure alle pescivendole e ai cenciaioli e che la latina giovasse soltanto a dieci eruditi, la latina sarebbe tanto più utile della volgare, quanto un solo letterato val più che molte migliaia di ignoranti. Ma il fatto è ben diverso; imperocchè se tu adopererai codesta lingua, non ti farai capire in tutta Italia; che dico? se andrai nell'Apulia, nella Calabria con questo linguaggio ti piglieranno per un Sirofenice, per un Arabo; ma se tu parlerai ivi il latino, a moltissimi ti farai agevolmente intendere. Se poi tu navigassi in Sicilia o in Corsica o in Sardegna e scappassi fuori con questo linguaggio, passeresti, giuro a Bacco, per il più pazzo del mondo. Ti guardi poi il cielo dall'avventurarti a parlare il linguaggio volgare nella Spagna, in Germania o in Francia: ti darebbero la baia i monelli e trarrebbero a vederti come l'orso che balla. Ma sapendo di latino quasi tutti ti capiranno come se tu parlassi la loro lingua materna. Lo stesso dicasi di quanto vanno costoro spacciando, che ognuno deve celebrare le glorie domestiche nella lingua imparata dalla balia. Imperocchè se di ciò si potessero far persuase anche le altre nazioni, non spenderebbero tanta fatica a imparare un altro linguaggio, ma contente del proprio, scriverebbero in modo da farsi intendere dai loro vicini, non essendovi oggidì provincia che non abbia vari e tanto diversi idiomi, che tu entro l'Italia stessa dovresti mutar linguaggio ogni dieci miglia, se non volessi parlare ai sordi; del che avviene che anche codesta lingua volgare, a cui certi saputelli attribuiscono più ch'ella non oserebbe dimandare, non sa dove pur possa posare e piantare la sua sede. Chi difatto la vuol trarre dall' interno della Toscana; chi ammette quella solo che è in uso presso la corte romana. Ma che dire poi che nella Toscana non tutti parlano a un modo, essendo diversa la favella dei Fiorentini, dei Senesi, degli Aretini, dei Lucchesi, mentre ciascuna di codeste città sostiene di essere culla del linguaggio toscano? Per il che avverrà di certo, io credo, che se i Greci ebbero una volta cinque lingue, codesti volgari ne produrranno più assai. Ma fannulloni e poco costanti nella fatica siamo noi, che mentre ce la dormiamo fra due guanciali, mentre nell'apprendere il latino ce ne stiamo con le mani alla cintola, aspettando che facciano per noi gli Dei e consumiamo i più belli anni in ciafruscole, ci accorgeremo dell'errore quando non sarà riparabile e allora, come non fosse cosa nostra, per non sapere dove batter la testa, ci rifugieremo tra codeste delizie volgari; allora, per parlar chiaro, chi non sarà riuscito nel greco e nel latino, si raccomanderà al volgare, come chi non spuntandola a sonar l'organo, si contenterà di tirare i mantici.

E che? mi darà qui taluno sulla voce: credi tu che Dante, Francesco Petrarca e Giovanni Boccaccio ignorassero la lingua latina? No; che anzi fra loro gran nome si acquistò il Petrarca, il quale primo tra gli Italiani imprese a trarre in luce dai ruderi e dall'antichità la lingua latina lungo tempo sepolta; ma non essendogli troppo felicemente riuscito, o perchè mancava ancora una buona parte dei migliori libri o perchè era impresa da non potersi condurre a buon termine da un solo, si rivolse malgrado suo alla lingua toscana, e lo confessa egli stesso nei suoi versi: tanto siamo lungi dal poterne dubitare. E son là le sue opere latine che parlano, le quali se mostrano in lui sommo ingegno e non mediocre erudizione, spesso mancano di purezza latina. Che anzi Lorenzo Valla profondo conoscitore della lingua latina, nel secondo libro delle *Eleganze*, afferma non aver lui saputo intitolare la sua opera *De sui et aliorum ignorantia*, giacchè andava *De sua et aliorum*. Fiorì prima di costui Dante, ma quanto all'eleganza della lingua volgare poco, come si direbbe, gli arrisero le muse; o perchè non era ancora abbastanza formata, o perchè la portata della lingua vernacola non poteva reggere a un peso immenso. Dopo questi due scrisse Giovanni Boccaccio, terzo caporione degli antichi scrittori volgari; nè è fra i piccoli guai di questa lingua che in trecento anni o poco meno essa non debba dare che tre scrittori, uno per secolo. Che a questi tre almeno, in tanta rarità, facessero plauso d'accordo i volgari: ma no; anche questi tre non sono molto in onore. Dante come scrittore di poca eleganza viene, quasi per comune consenso, messo da parte; del Boccaccio moltissime cose diventarono antiquate; non resta in voga che il Petrarca, che vien proposto per modello ai poeti, agli oratori e agli storici. E perchè veda ognuno quanto perspicace intelletto ebbe il Petrarca, io lo credo l'unico che abbia misurato le forze della lingua volgare, piegandola a esprimere solo gli amori e la gaiezza. Il che come felicemente gli riuscì, non così felicemente avrebbe tentato opera di maggior mole, con l'esempio dinanzi di Dante che sperimentò pur troppo come alla favella volgare mancavano e maestà e vigore; nella quale cantò d'arme e guerrieri, non senza qualche lode, ai tempi nostri Lodovico Ariosto ferrarese, scrittore non spregevole per la sua dottrina nel latino, ma che nel resto non s'accosta all'eccellenza nemmeno dei mediocri fra i Latini: e tuttavia diede tanto lustro a quel genere di poema, che tutti lo reputano fatto da natura per cantar di guerra. Scrisse anche comedie, che di comedie non han più che il nome. A comporre poi storie ed orazioni in questo idioma ci sarebbe da eccitare il riso.

E perchè non creda taluno che in quella che alcuni chiamano finezza, altri leggiadria, i più dolcezza, la lingua latina sia vinta dal volgare, sappia che Properzio e Tibullo non acquistarono meno lode in ciò di Francesco Petrarca, il quale credè che al nome suo si sarebbe fatto il maggior onore, quando avesse meritato di venire contrapposto a qualsiasi di quei due. E che la maggior parte dei cultori della lingua volgare, eccettuati sempre alcuni veramente dotti, sieno poco addentro negli autori latini, ce ne accorgiamo chiaramente di quì, che evitano, come si evit uno scoglio, Dante, in cui la erudizione, l'ingegno e l'acume sono maggiori che nel Petrarca: anzi gli dànno taccia di avere appunto scritto oscuramente per non farsi intendere, quasi che le profondità della filosofia e della teologia si possano trattare con la medesima facilità e lepidezza che i trastulli delle fanciulle e i convegni di amore. Laonde a quella guisa che si starebbe a disagio con la lingua latina, s'ella avesse soli Tibullo e Properzio, così non si starebbe troppo a buon agio col volgare, se si accontentasse del solo Petrarca. Molti però scrivono tutti i giorni: non nego, ma non han niente che fare col Petrarca. Anzi meglio di lui in alcuna parte: sia pure, ma chi gli si possa in tutto paragonare, sostengo che oggi non ci è e non ci sarà mai. Ma levano a cielo la prosa del Boccaccio: la levino anche sopra cielo, ch'io ne sono contento, purchè confessino che non i migliori latini (giacchè farei a loro grave onta), ma qualsiasi di essi fra i più abbietti supera il Boccaccio in erudizione e in eleganza. Nè credo in questo di fare ingiuria al Boccaccio, che si ritiene esimio nella prosa; nella quale però dopo lui infino ad oggi non si è trovato chi si acquistasse la benchè minima lode, rifiutando i più l'*Arcadia* del Sannazzaro, ripiena, come dicono, di molti errori.

Che se indaghiamo come derivò a noi il volgare, non più volgare ma immondo lo chiameremo, non barbaro ma la barbarie stessa. E se ne interroghiamo i suoi sostenitori, sapremo che esso trasse origine dalla prima invasione dei Goti in Italia, dopo la rovina dell'impero romano, e che quanti più barbari vi immigrarono, tanto più diventò ricca e copiosa: si può dire o imaginare nulla di questo più turpe? Meno male se traesse origine da una sola invasione; sarebbe comunque tollerabile. Ma avendovi contribuito per una buona parte i Goti, i Vandali, gli Eruli, per un'altra i Longobardi, non vi è ragione di affannarsi tanto per questa lingua, che ha la bella prerogativa di derivare i metri non dai Greci o Latini, ma dai barbari. E quale norma si trova in essi metri? quale artifizio? quale varietà e bellezza? Il più adoperato di quelli ha undici sillabe e l'altro, che per eleganza vi si intercala, sette: dei quali il primo vogliono derivato dall' endecasillabo latino o dal saffico, il secondo dall' aristofanio, vuoi a bello studio, vuoi, come io credo meglio, a caso, ma depravati a segno, che non vi si tien conto nè dei piedi nè della quantità delle sillabe e nei quali tu puoi ficcarci quel che ti pare, purchè abbi mente alle sillabe finali e faccia rimare i versi in fine ogni tre o quattro. Ci è anche un' altra specie di verso, il dodecasillabo, usato molto dal Sannazzaro, ma non troppo elegante neppur esso. Quello poi che più fa meraviglia si è che i cultori della lingua volgare scarseggiarono fino ad ora moltissimo di vocaboli e sì diverse mutazioni di regni non riuscirono ancora in tanti secoli a compiere una lingua, dimodochè a portare a termine quest' idioma ci sarebbe di bisogno di un'altra invasione di barbari.

Ora se altri rinfacciasse tanti e si gravi inconvenienti alla lingua latina o greca, potrebbe parer matto, massime che i Greci ricevettero la loro dagli antenati e così i Latini la propria: alla quale se qualche cosa mancò, vi supplirono con l'imitazione dai Greci. Che dire poi che tutti quasi i nomi del volgo e dei quali consta la sua lingua non hanno che due terminazioni, l'una nel singolare, l'altra nel plurale? Non sembra in questa maniera di stare tra gli Sciti o gli Africani? Giacchè gli articoli, ch'essi vogliono tirare in campo, son cosa morta di per sè, quando non siano congiunti con la flessione delle parole, come vediamo nella lingua greca. Quanto non è poi assurdo che quei pochi vestigi di lingua latina che si trovano nel volgare cerchino di espellerli anche quelli, onde non ci sia parola che non si debba ai Goti; imperocchè tra tutti quanti scrivono e parlano il volgare è invalso oggi il principio che per bene scrivere bisogni allontanarsi da ogni reminiscenza latina.....

Mi obbietterà però taluno: lasciamo da parte i meno recenti

e veniamo al nostro secolo, in cui nessuno, dotto in latino, trascura di coltivare anche la letteratura volgare; la quale se fosse tanto da disprezzarsi, ciascuno tenendosi alla greca o alla latina, trascurerebbe la volgare come sozza e inelegante. Sappia costui primieramente che la lode di cosiffatti uomini non dipende dalla cognizione del volgare, bensì del greco e latino: che se poscia s'applicarono al volgare, non fu perchè l'approvassero, ma o per seguir la moda o, ciò che è più vero, per mostrarci con quanta facilità s' impari questo idioma, poichè dove solo in venti o venticinque anni potettero profittare un po' nel latino e greco, in sei mesi soltanto appresero perfettamente il volgare. D'altra parte è ridicolo che alcuni dei vecchi e anche dei recenti reputino a bene il piccolo numero degli scrittori e vadan dicendo che non a tutti è dato sentire messa accanto al prete. Imperciocchè i buoni ingegni non vollero consumare l'età e spendere i loro migliori anni nelle baie volgari, ma consultarono gli autori greci e latini, dei quali quasi infinito è il numero, dovechè dei toscani è assai ristretto e, se non ne vengono degli altri, insufficiente. Che anzi col fatto stesso vediamo trovarsi in migliori condizioni la lingua latina, già lungamente sepolta, che la volgare tuttora vivente; poichè sappiamo che in maggior numero e molto più addottrinati s'affaticarono a restaurare la latina che a promuovere la volgare, massimamente che il Sannazzaro e il Bembo, vivente ancora e di grande autorità presso tutti e che finora ha dato di sè ottimi saggi, appartengono quasi intieramente ai latini o per metà almeno. E se pur sono eccellenti nell'una e nell'altra lingua, tanto maggior valore delle altre hanno le loro scritture latine, quanto il latino è più nobile, più dolce e più perfetto del volgare (1) ».

(1) Florid., *Apologia l. l.*, pp. 105-108.

www.ingramcontent.com/pod-product-compliance
Lightning Source LLC
LaVergne TN
LVHW012331100826
845148LV00017B/2112